Thomas Ebersberg
Vom Urknall zum Gottesmythos

Zu diesem Buch

Der Autor, ehemals Mitglied des Jesuitenordens, setzt sich kritisch mit den konkurrierenden transzendentalen und säkularen Weltbildern auseinander. Bei ihrem Vergleich entdeckt er neben den Gegensätzen überraschende Parallelen, die auf einem gemeinsamen Denkmuster gründen.
Er stellt die Fragen: Wie entstehen Utopien, was macht ihren Charme aus, warum mussten die klassischen Utopien scheitern? Wie könnte eine Alternative aussehen?

Thomas Ebersberg, Jahrgang 1945, trat nach dem Abitur in den Jesuitenorden ein. Nach drei Jahren verließ er den Orden und studierte Pharmazie und Psychologie. 1987 veröffentlichte er die ironisch-polemische Zeitkritik »Zarte Stachel – Süße Ohrfeigen, *Ein Kulturstrip ohne Scham und Traurigkeit*«, 1990 »Abschied vom Absoluten, *Wider die Einfalt des Denkens*«, das Plädoyer für ein polares Weltbild, 2014 »Christentum adieu! *Das leise Sterben eines Mythos*«, die kritische Auseinandersetzung mit Inhalt, Geschichte und Auflösungserscheinungen des Christentums, und 2016 »Kritik des Manifests des evolutionären Humanismus«, in Form eines offenen Briefs an Michael Schmidt-Salomon.

Thomas Ebersberg

Vom Urknall zum Gottesmythos

Utopie und Evolution

Bibliographische Information der Deutschen Nationalbibliothek
Die Deutsche Nationalbibliothek verzeichnet diese Publikation in
der Deutschen Nationalbibliographie. Detaillierte bibliographsche
Daten sind im Internet über http://dnb.de abrufbar.

Website des Autors:
www.abschied-vom-absoluten.de

ISBN: 978-3-7504-4173-6
© 2020 Ebersberg, Thomas
Herstellung und Verlag: BoD – Books on Demand,
Norderstedt
Printed in Germany

Umschlaggestaltung: Thomas Ebersberg

Inhalt

Unternehmen Weltbild

Die Kontrahenten und viele Fragen

Eine Vorbemerkung sei erlaubt. Die Gedankengänge dieses Buchs sind ein relativ elitäres Unternehmen. Warum? Es geht um Weltbilder, um ein *reflektiertes* Weltbild, das immer wieder kritisch überprüft und anhand der eigenen Erfahrungen verifiziert wird. Zwei konträre Weltbilder stehen zur Disposition, das jenseitsbezogene *transzendentale* und das diesseitige *säkulare*. Einem vielfältigen Spektrum von Gläubigen auf Seiten der Religion steht eine ständig wachsende Zahl säkular orientierter Menschen gegenüber.

Die Anhänger beider Fraktionen – sowohl die Religiösen als auch die Nichtreligiösen – dürften in der Mehrzahl unreflektiert ihrem Glauben bzw. Nichtglauben huldigen. Ein Bewusstsein, permanent durch Reflexion und Selbstreflexion »upgegradet«, dürfte nur einer Minderheit gegeben sein.

Ein solches Bewusstsein scheint eher ein zukunftsorientiertes Projekt der Evolution des Menschen auf dem Weg zum »Homo sapiens«, dem »wissenden«, »weisen« Menschen zu sein. Geduld ist also angesagt. Und es sollte nicht verwundern, wenn vorliegendes Projekt, der Vergleich der beiden Weltbilder, bei einem breiten Publikum auf Unverständnis oder Gleichgültigkeit stößt. Die meisten Zeitgenossen haben offensichtlich andere Probleme und man kann es ihnen nicht einmal verdenken.

Neben der kritischen, vergleichenden Analyse der Weltbilder muss auch die Frage erlaubt sein: Welche Rolle spielen dezidierte Weltbilder? Wurden und werden sie überhaupt geschichtswirksam? Hat z.B. das Christentum die Geschichte des »christlichen Abendlandes« tatsächlich geprägt? Und wie viel Gedankengut der Aufklärung bestimmt unsere »aufgeklärte« Moderne? Waren und sind womöglich ganz andere Kräfte am Werk? Sind die Weltbilder vielleicht nur die »Begleitmusik« zu jenem Spiel, das von den Eliten des Mythos und der Macht seit jeher gespielt wird?

Lassen wir die Beantwortung dieser Frage zunächst offen. Zwei konträre Weltbilder konkurrieren also um die Gunst der Gläubigen, das transzendentale und das säkulare. Ich werde versuchen, die Unterschiede und heimlichen Übereinstimmungen zwischen beiden Varianten aufzuzeigen. Es könnte ja sein, dass die beiden Gegenspieler hinsichtlich ihrer Funktion und ihrer Zukunftsperspektiven gar nicht so weit auseinander liegen.

Ob wir von Mythen, Religionen, Ideologien oder Narrativen sprechen – ich denke, wir können diese vermeintlichen oder tatsächlichen »anthropologischen Konstanten« unter dem schillernden Begriff »Utopie« subsumieren. Haben sie doch den gleichen Ursprung und die gleiche Funktion.

Inhaltlich dürfte dies das verbindende Element der klassischen Utopien sein: Sie alle leiden unter der Vorstellung, dass diese Welt *so* nicht sein dürfte, dass eine »andere«, »bessere«, womöglich »höhere« Welt möglich sei.

Wie entstehen Utopien? Was macht ihre Attraktivität aus und warum müssen sie unweigerlich scheitern? Liegt ihnen ein gemeinsames fragwürdiges Denkmuster zugrunde? Und was haben die Utopien mit der Evolution des Universums vom Urknall bis zum Homo sapiens gemein? Sind sie womöglich ein Element der Evolution, Grenzüberschreitungen in zuvor als unmöglich scheinende neue Dimensionen?

Um dem utopischen Denken, seinem Charme und Scheitern auf den Grund zu kommen, widmen wir uns den drei klassischen Fragen, die sich Homo sapiens seit Beginn seines sich entwickelnden Bewusstseins stellt: »Was ist die Welt, was ist der Mensch? Was darf ich erwarten? Was soll ich tun?« Welterklärung, Zukunftsversprechen und Moral – das ist die heilige Dreifaltigkeit jeder Utopie.

Formuliert aus der Sicht des säkularen Weltbilds lauten diese Fragen nicht mehr transzendental eingefärbt: »Was ist der letzte Urgrund der Welt, was ist die Bestimmung des Menschen und welchen göttlichen Geboten muss er Folge leisten?«, sondern etwas bescheidener: »Wie ist das Universum, die Natur, der Mensch beschaffen, konstruiert? Was können wir hier auf Erden in Zukunft erwarten und wie sieht, wenn wir auf das Konstrukt einer »Übernatur« verzichten, eine der Natur des Menschen angemessene Ethik aus?

Die Sinnfrage – großer Sinn, kleiner Sinn?

Beginnen wir mit der den Weltbildern oft zugrunde gelegten Sinnfrage: Macht diese Welt Sinn? Diese Frage scheint unausweichlich.

Warum dieses offenbar unausrottbare Bedürfnis des Menschen nach »Sinn«? Die Antwort ist einfach. Sinn ist eine Grundbedingung für alles Leben. Was bedeutet »Sinn«? Etwas macht Sinn, wenn zwei Dinge, z.B. Schlüssel und Schloss, zusammenpassen oder wenn, banal ausgedrückt, Angebot und Nachfrage übereinstimmen. Wir sprechen von »Sinnbezügen«. Leben macht Sinn, wenn das Angebot den Bedürfnissen entspricht.

Die Religionen konzentrieren sich auf die »letzten« Fragen nach dem *Woher, Warum* und *Wohin*? Wer ist der Verursacher, was ist der letzte Grund, was das Ziel und was der Sinn des Universums? In welches »Schloss«, wohinein passt dieser »Schlüssel« Wirklichkeit? Gibt es für das Universum einen Bezugspunkt jenseits dieser Wirklichkeit? Welchen »höheren« Sinn hat dieses ganze Geschehen?

Wenn wir nach der Vorstellung der Säkularen einen solchen letzten Bezugspunkt nicht finden, nicht finden *können*, dann müssen wir uns wohl mit den Sinnbezügen *innerhalb* der Wirklichkeit begnügen.

Bei der Sinnfrage scheiden sich die Geister. Dort der Glaube und die Hoffnung auf einen »höheren« Sinn, auf einen »jenseitigen« Sinngeber in einer »anderen« Welt – hier der trotzige, bisweilen mit der »Absurdität des Ganzen« kokettierende Verzicht auf jenen letzten und großen Sinn, gepaart mit der Hoffnung auf eine sinnvolle Existenz im Diesseits.

Nach christlicher Auffassung ergibt sich als entscheidender Sinn des menschlichen Lebens die Beziehungsgeschichte zwischen Schöpfergott und Geschöpf. Die letzte Ursache, der letzte Sinnbezug ist der als der »Absolute« definierte Gott. Der in sich ruhende Zeit- und Geschichtslose erschafft irgendwann eine Schöpfung, was offensichtlich den Ausbruch aus der Zeit- und Geschichtslosigkeit bedeutet.

Ketzerische Fragen drängen sich auf. Warum tut der Absolute das? Welchen Sinn ergibt das für *ihn*? Die Schöpfung als schönes und schreckliches Spektakel, als ästhetisches und ethisches Spiel mit Möglichkeiten – dient sie zur Unterhaltung für einen gelangweilten Gott, der mit seiner »absoluten«, eigentlich doch selbstgenügsamen ewigen Existenz nicht mehr klarkommt? Warum bedurfte er, der Absolute, eines Objekts, einer Schöpfung? Ist es auch für einen Gott »nicht gut, dass er alleine sei«? Ist er, der »Gott der Liebe«, womöglich ein Liebebedürftiger? Ohne Gegenüber wären die ihm zugeschriebenen Eigenschaften wie Liebe, Barmherzigkeit und Gerechtigkeit in der Tat sinnlos.

Verliert jedoch der Absolute, indem er sich in eine Beziehungsgeschichte mit seinem Geschöpf einlässt, nicht seine Absolutheit, seine Losgelöstheit von allem? Und bedeutet die »Menschwerdung Gottes«, die Verstrickung in Geschichte und die Selbsterniedrigung durch den Kreuzestod, nicht den Totalverlust der Absolutheit?

Die Vertreter der christlichen Religion stellen diese Fragen nicht, denn darauf gibt es an keiner Stelle der »Offenbarung« eine Antwort. Dem kritischen Denken verschließt sich vollends eine schlüssige Interpretation solch eklatanter Widersprüche.

Offenbarung oder Erfahrung?

Worauf gründen sich die kontroversen Weltbilder, worauf *sollten* sie sich gründen? Ich denke, ein existenziell überzeugendes Weltbild kann sich nur auf die Erfahrungen des Einzelnen mit der Wirklichkeit stützen. Der auf seine Sinne angelegte Mensch hat ein »Recht auf Erfahrung«. In der Kindheit ist er auf die unreflektierte Übernahme dessen, was ihm Eltern und Erzieher sagen, angewiesen. Mit zunehmendem Alter kommen seine eigenen Erfahrungen ins Spiel. Diese bestätigen seinen tradierten Glauben oder stellen ihn infrage – schwierig, wenn der geforderte Glaube neben den als »Mysterien« gedeuteten inneren Widersprüchen auch noch der Glaube an einen »ganz Anderen«, eben »*nicht* Erfahrbaren« sein soll.

Doch wie kann die von der christlichen Religion postulierte Beziehung zwischen dem Menschen und jenem »ganz anderen« Gott ohne sinnlich erfahrbare Kommunikation funktionieren? Beziehungen leben von der Kommunikation. Offensichtlich reicht die versprochene Ebenbildlichkeit zwischen Mensch und Gott nicht zu einer Beziehung »auf Augenhöhe« aus. Unter Theologen ist denn auch nur zu oft die Rede von einem »schweigenden Gott«.

Die monotheistischen Religionen lösen dieses grundlegende Problem mit dem Hinweis auf die »Offenbarungen« des jenseitigen Gottes an einige wenige auserwählte Personen der Geschichte. Dank historisch-kritischer Textinterpretation der heiligen Schriften schleicht sich jedoch unmerklich die Einsicht ein, dass diese Offenbarungen keine unmittelbaren Erfahrungen, sondern zeitbedingte Vorstellungen aus der Bildwelt der jeweiligen Zeit waren, von Menschen, die sich dazu berufen fühlten, ihrem Volk dessen Bestimmung zu erklären und ihm moralische Richtlinien für den Weg zum Heil zu geben. Waren die Offenbarungen das Werk phantasiebegabter, moralisch engagierter Dichterpropheten? War »Gotteswort« also doch nur »Menschenwort«?

Da Offenbarung heutzutage nicht mehr stattfindet, bleibt dem Gläubigen als Offenbarung nur die bescheidenere kleine Fassung, die gerne beschworene »religiöse Erfahrung«. Ich möchte auf die Interpretation dieser meist recht vage beschriebenen Erfahrungen emotionaler Erhebung oder Erschütterung nicht eingehen. Wer solche Erfahrungen nicht hat oder säkular deutet, gilt unter Gläubigen derzeit als »religiös unmusikalisch«. Er leidet gewissermaßen an einem bedauerlichen genetischen Mangel.

Merkwürdig nur, dass man solche angeblich existenziellen Erfahrungen mit der genetischen Ausstattung verbindet. Ist die »religiöse Musikalität« tatsächlich nur das Privileg weniger Auserwählter? Bei dieser Interpretation schimmert von Seiten der »Musikalischen« eine Mischung aus Mitleid und Arroganz durch.

Und für einen »gerechten« Gott spricht diese Art »genetischer Auserwählung« auch nicht gerade. Ein Gott, der die »Gnade des Glaubens« willkürlich nur wenigen Menschen schenkt?

Die transzendentale Weltdeutung verzichtet auf ein Denken, das sich auf die eigene Erfahrung stützt. Sie bezieht denn auch ihren Autoritätsanspruch ausschließlich aus den »göttlichen Offenbarungen«. Alle Versuche, die Welt mit all ihren Widersprüchen zu begreifen, ohne in eine Gegenwelt fliehen zu müssen, haben für den Gläubigen keine Geltung. Sein Denken, wenn es denn stattfindet, muss sich letztlich den geoffenbarten Wahrheiten unterordnen.[1]

Offenbarung oder Erfahrung, Glauben oder Denken – beruht die unterschiedliche Begründung der beiden konträren Weltbilder auf einem unvereinbaren Gegensatz? Oder ist sie nur Folge einer evolutionär bedingten Veränderung menschlichen Denkers, weg von einem kindlich träumerischen, irrationalen in Richtung eines nüchtern kritischen Weltverständnisses?

Trotz aller Gegensätze, beiden Weltbildern bleibt – ob mit oder ohne spekulative Frage nach dem *Warum,* dem »letzten« Urgrund, Sinn und Ziel des Universums – der Blick auf das *Was* nicht erspart. Was ist das für eine Welt, wie ist sie konstruiert, nach welchen Gesetzen funktioniert sie? Und was geschah und geschieht im Lauf der Evolution? Wohin bewegt sich diese Welt? Die Welt »anschauen«, das dürfte die Voraussetzung jeder »Weltanschauung« sein. Und ein »Weltbild« kommt nicht umhin, sich ein »Bild von der Welt« zu machen.

Was ist die Welt, was ist der Mensch?

Die Struktur

Stellen wir uns der ersten der drei klassischen Fragen. »Was ist die Welt, was ist der Mensch?« Widmen wir uns zunächst dem Universum. Den Homo sapiens, das vorläufige Endprodukt der Evolution auf unserem Planeten, sollten wir noch etwas hintanstellen. Beginnen wir ganz von vorn, mit dem Urplasma und dem Urknall. Nein, beginnen wir eine zehn-hoch-minus-soundsoviel Sekunden *nach* dem Urknall. Denn über diese überaus kurze Spanne zwischen dem Urknall und den darauf folgenden wissenschaftlich erklärbaren Phänomenen des Universums wissen wir nichts. Sie ist ein weites Feld für Spekulationen.

Was war davor, ganz am Anfang? Hatte da jemand seine Hand im Spiel? Gab es überhaupt einen Anfang oder sind unsere Vorstellungen von Anfang und Ende nur optische Täuschungen, begründet durch unsere auf endliche Phänomene programmierte Vorstellungswelt?

Sind doch »Raum« und »Zeit« nur »Inseln« im Meer einer unvorstellbaren Raum- und Zeitlosigkeit. Die Materie schafft den Raum. Raum ist ein umgrenztes Stück Nichts. Zeit ist ein Indikator für Veränderung, ein umgrenztes Stück Geschichte. Ohne Veränderung, ohne Geschichte gibt es keine Zeit. Wohin entwickelt sich die Geschichte des Universums, gibt es ein Ende, ein Ziel?

Agnostiker, die sich auf ihre realen Erfahrungen stützen, verzichten auf derlei Spekulationen über den »letzten Grund« und das »letzte Ziel« und halten es mit der Einsicht: »Worüber man nichts weiß, sollte man vielleicht doch lieber schweigen.« Dennoch ist es, denke ich, durchaus legitim, sofern man sich mit den menschlichen, keineswegs abwegigen Kategorien *Sinn, Grund* und *Ziel* befasst, sich auch über jene Grenzgebiete spekulative, »metaphysische« Gedanken zu machen, eine Erklärung des anscheinend Unerklärlichen zu suchen.

Genau dies leisteten die mythischen Erzählungen, wenn sie einen letzten Urgrund, ein letztes Ziel und einen letzten Sinnbezug in ihrer Bildwelt erdichteten. Der Sinn der Welt und ihres Lebens ergab sich für sie durch den Bezug zu Wesen oder Mächten in einer »anderen« Welt. Eine naturwissenschaftliche Erklärung der Welt im heutigen Sinn war unseren Vorfahren nicht möglich. Und bekanntlich muss die moderne Naturwissenschaft die provozierenden Erklärungslücken des »letzten« *Woher* und *Wohin* offenlassen, auf das *Warum* verzichtet sie völlig.

Auch wenn sich die Mythen zu bisweilen phantastischen Konstrukten hinreißen ließen, manch überraschenden Wahrheitsgehalt, wie z.B. den Ablauf der Schöpfungsgeschichte, sprich Evolution, darf man ihnen getrost zugestehen.

Nehmen wir einmal nach der Vorstellung der Säkularen, der Humanisten und Naturalisten an, dieses Universum, diese Welt, diese uns umgebende Natur sei die *einzige* Wirklichkeit, sie sei das allumfassende »Eine«. Die Existenz einer »anderen Welt« oder »jenseitigen Macht« anzunehmen halten wir für irrelevant, da diese jenseits unserer Erfahrung liegen und offensichtlich keinerlei Auswirkungen auf unsere Welt zeigen. Unter dem Begriff »Monismus« lasse ich diese Vorstellung oder Behauptung der *einen*

Wirklichkeit so gelten. Für mich hört jedoch das sich »monistisch« bezeichnende Weltbild mit Blick auf das Universum, auf die Natur – auf das, was sich *innerhalb* der Welt oder Natur abspielt –, hier schon auf. Denn diese *eine* Welt ist keine *einfache* Welt.

Ich würde diese Natur oder Wirklichkeit auch nicht wie mancher Humanist als das »Absolute« bezeichnen und sie damit als Nachfolgekonstrukt des ehemals personifizierten Absoluten, des monotheistischen Gottes, betrachten. Ob das Absolute überhaupt existent oder denkbar ist, darüber darf gestritten werden.

»Absolut« und »Relativ« würde ich als »unerreichbare Grenzwerte« bezeichnen, als Denkfiguren der polaren Gegenspieler »Unabhängig« und »Abhängig«. Schon aus Gründen der Logik können sie nicht voneinander getrennt werden. Das eine ist ohne das andere nicht denkbar, beide bedingen einander. Und, was sich gegenseitig bedingt, kann nicht absolut, d.h. »unbedingt« sein.

Neben der Unbedingtheit ist das Absolute definitionsgemäß in sich »eins«, d.h. widerspruchsfrei, vollkommen, sich selbst genug. Es hat keinen Grund zur Veränderung. Das Universum aber ist zumindest seit jenem Urknall in permanenter Veränderung.

Warum explodierte jene Keimzelle des Universums, das Urplasma? Was war der Auslöser? Die Naturwissenschaft sagt, es geschah wegen eines minimalen Ungleichgewichts, wegen einer Asymmetrie antagonistischer Kräfte oder Zustände. Warum und wie es zu dem Ungleichgewicht kam, niemand weiß es. Dieses Spannungsfeld gegensätzlicher Kräfte oder Zustände innerhalb des Urplasmas könnte man die »Urpolarität des Universums« nennen.

Die Begründung des Urknalls, dieser welterschaffenden Explosion und der damit verbundenen Entstehung von Raum und Zeit, als Folge eines Ungleichgewichts und als Beginn von Geschichte erscheint logisch. Wäre jenes Urplasma perfekt ausbalanciert gewesen, es wäre zum Stillstand, zur Statik verdammt gewesen, es wäre nichts passiert. Geschehen, Geschichte entsteht aus dem Ungleichgewicht gegensätzlicher Kräfte. »Der Krieg ist der Vater aller Dingen«, sagte der gute alte Heraklit.

Geschichte ist von Anbeginn an das Wechselspiel von Dynamik und Statik, das permanente Aus-dem-Gleichgewicht-Fallen und der Versuch, ein neues Gleichgewicht wiederherzustellen. Nach dem Urknall entstanden die Galaxien, einigermaßen stabile Systeme, die sich jedoch auch in ständiger Veränderung befinden und von den Fliehkräften angetrieben in Richtung Entropie streben. Dank z.B. dunkler Materie könnte sich der Prozess der Ausdünnung umkehren. Das Universum könnte sich zurück in den scheinbar undifferenzierten Zustand des Urplasmas bewegen, um dann womöglich von Neuem zu explodieren.

Ein pulsierendes Weltall? Hier spekuliert die Naturwissenschaft. Der Blick auf ein mögliches Ende oder mögliche Wiederholungen des Geschehens bleibt uns zumindest vorläufig verwehrt.

Halten wir als ersten Aspekt der Frage »Was ist das für eine Welt, wie ist sie konstruiert?« dieses *strukturelle Kennzeichen*, die *Polarität,* fest. Polarität als Ursache aller *Differenz.* Das Urplasma explodierte, es differenzierte sich in eine phantastische Vielfalt aus und dieser Vorgang ist nicht beendet.

Polarität zieht sich durch alle Kategorien und »Sphären«, von der physikalisch-chemischen Sphäre über die Biosphäre bis hinein in die vom menschlichen Geist geprägte »Noosphäre«.

In der Physik seien z.B. helle und dunkle Materie, Teilchen und Anti-Teilchen, elektrische und magnetische Pole genannt, in der Biologie die sexuelle Polarität und diverse antagonistische Systeme. Bei den Eigenschaften seien als Beispiele groß und klein, warm und kalt, weich und hart, bei den Emotionen Freude und Trauer, Bewunderung und Verachtung, Liebe und Hass, bei den existenziellen Gegebenheiten seien Gelingen und Scheitern, Werden und Vergehen, Leben und Tod genannt. Es wäre ermüdend, all die Polaritäten unterschiedlichster Formen aufzuzählen, wir kämen an kein Ende.

Die Polarität ist mehr als ein interessantes Phänomen unter anderen. Man könnte sie den »Generalschlüssel zur Wirklichkeit« nennen. In unserer Welterfahrung ist sie scheinbare Selbstverständlichkeit und Provokation zugleich.

Dennoch wurde und wird sie zumindest in unserem Kulturkreis nicht wirklich zu Ende gedacht, obwohl sie doch im Zentrum aller Weltanschauungen steht. Denn sie ist, wie noch zu erklären sein wird, ja jene Quelle, aus der sich alle Utopien – transzendentale und säkulare – speisen.

Wer sich Gedanken über die Welt macht, sie zu verstehen und womöglich zu verändern sucht, kommt nicht umhin, das strukturelle Phänomen *Polarität* in seine »philosophische Grundlagenforschung« miteinzubeziehen und ihm die Bedeutung beizumessen, die es auf allen Ebenen des Seins hat.

Das Potential

Neben dem strukturellen Aspekt bieten sich weitere Fragen an. Was ist der Motor, was der Treibstoff der Geschichte? Die Geschichte des Universums deutet auf ein »kreatives Potential« hin.

Was aus jenem winzigen Urplasma entstand und weiterhin entsteht, ist mehr als erstaunlich. Die Vertreter der Religionen nennen den Vorgang »Schöpfung«, die Säkularen sprechen von der »Evolution« des Universums, der Natur, des Lebens, der menschlichen Kultur.

Die einen bieten einen Schöpfergott an, die anderen ein apersonales Geschehen, die »Evolution« oder die »sich selbst organisierende Natur«. Beide – Evolution und Natur – werden quasi anthropomorph beschrieben, deutlich an Redewendungen wie: »Die Evolution experimentiert ... die Natur rächt sich ...« Evolution und Natur werden gleichsam zu einer personifizierten Schöpferkraft stilisiert. Die Rede von der »sich selbst organisierenden Natur« trägt jedenfalls fast so etwas wie pantheistische Züge.

Genau betrachtet ist Evolution jedoch keine kreative Kraft. Sie ist nur ein *Prozess*, der beschreibt, wie und wohin sich das Universum, insbesondere das Leben auf unserem Planeten, entwickelt.

»Evolution« ist definitionsgemäß die »Entwicklung« eines Potentials. Etwas »Eingewickeltes« entwickelt sich, kommt zum Vorschein. Mögliches wird Wirklichkeit.

Das sollten wir im Hinterkopf behalten, wenn wir von der Evolution als einer scheinbar schöpferischen Kraft sprechen und den Begriff in dieser populären, unkorrekten, weil undifferenzierten Form benützen.

Und auch die »Natur« ist kein pseudopersonales Kontinuum, das nach der Vorstellung einiger Humanisten »mit dem menschlichen Bewusstsein zu sich selbst gekommen ist«. Sie ist nur der Ort, an dem etwas geschieht, und das Material, mit dem etwas geschieht. Das sich in der Natur entwickelnde Potential bleibt ein Geheimnis. Die Religionen schreiben es einem außerirdischen Schöpfergott zu, einem »reinen Geist«. Die Säkularen möchten in Ablehnung des von ihnen bekämpften Materie-Geist-Dualismus von einem solchen »Geist« nichts wissen und bleiben die Erklärung des kreativen Potentials schuldig. Für sie ist die Materie das »Ein und Alles«. »Geist« sei nicht mehr als eine Funktion von Materie. Wie es »Materie pur« jedoch schafft, »sich selbst zu organisieren« und in diesen kreativen Rausch zu verfallen, der sich gerade in den Dimensionen *Leben* und *Geist* manifestiert, wird nicht hinterfragt.

Jenen in diesem Zusammenhang so heftig bekämpften »Materie-Geist-Dualismus« würde ich mit »Materie-Geist-Polarität« ersetzen und – spekulativ – »Materie« als den »Stoff«, das »Material«, und den »Geist« als die der Materie innewohnende »formende Kraft« oder eben jenes »kreative Potential« betrachten. Diese Kraft muss nicht von der Materie »dualistisch« getrennt und personifiziert werden.

Die Verlockung, die beiden Dimensionen *Materie* und *Geist* zu trennen und den Geist zu einem personalen Schöpfer, Sinn- und Gesetzgeber zu küren, erklärt sich wohl daraus, dass sich der Mensch als ein personales und dank seines Geistes als zugleich höchstentwickeltes kreatives Wesen erfährt. Warum also sollten jene frühen, phantasiebegabten Mythenerzähler die in der Natur sich offenbarende Kreativität nicht einem personalen Geist, einem Gott oder Göttern zuschreiben?

Das dem Universum innewohnende Potential ist ein weites Feld für Spekulation. Meist wird es positiv gesehen. Von der »Schöpfung« und von der Pflicht zur »Bewahrung der Schöpfung« ist allgemein die Rede. Der Gegenpol der Kreativität, die ebenfalls wirksame unglaubliche Destruktivität dieses Potentials, wird gemeinhin verdrängt. Die Schönheit und Vielfalt der Natur erscheinen dem Betrachter erstaunlich, unerklärlich, geradezu »wunderbar«.

Nicht ohne Grund ist das Staunen als ein Grundgefühl der Religion selbst für Agnostiker irgendwie nachvollziehbar. Einsteins Rede vom »religiös Ungläubigen« und von der »kosmischen Religiosität« gründet auf diesem Staunen. Aber ein Staunen über die Kreativität ohne ein Erschrecken über die ebenfalls gigantische Destruktivität führt zu einer euphemistischen Deutung des Universums. Mit selektierten, auf das Positive gerichteten Gefühlen werden wir dieser Wirklichkeit nicht gerecht. Spekulationen und Glaubensbekenntnisse mögen legitim sein, sie sollten aber nicht im Widerspruch zur Realität stehen.

Evolution – Zufall oder Notwendigkeit?

Wir kommen zu einer der umstrittensten Fragen der Evolutionstheorie. Was sind die bestimmenden Faktoren dieses evolutionären Geschehens? Welche Kräfte sind am Werk? Wie geht Evolution vor sich? Wie und wohin entwickelt sich jenes ominöse Potential, etwa mit einem vorgegebenen Ziel, oder alternativ, in jede beliebige Richtung, »offen für alles«? Hätte alles auch anders kommen können? Ist eine das Geschehen steuernde *Notwendigkeit* oder der *Zufall* die treibende Kraft? Ist das Prinzip *Ordnung* oder *Chaos* am Werk? Oder bilden beide Prinzipien zusammen ein polares Kraftfeld, eine sinnvolle Einheit?

Die beiden Gegenspieler *Notwendigkeit* und *Zufall* oder *Ordnung* und *Chaos* sind natürlich klassische Spekulationsobjekte. Die einen sehen in der Evolution des Universums die Entwicklung eines Plans, die ordnende, richtunggebende Kraft einer göttlichen Schöpfermacht, gestört nur durch den als »Diabolos« personifizierten Zufall, den Satan, der die göttliche Ordnung immer wieder durcheinander bringt. Die anderen verzichten auf transzendentale Mächte und deuten die Evolution als reines Zufallsspiel, unterworfen nur den Mechanismen *Mutation* und *Selektion*.

Wofür stehen diese beiden Wirkprinzipien der Evolution? *Mutation,* das unvorhersehbare, ungeordnete Element, spricht für den Zufall. *Selektion* jedoch dürfte als zielgerichtete Auswahl und Optimierung in Richtung des »besser Angepassten« auf Seiten eines »Ordnungswillens« stehen. Die »zufällige« Mutation wird gewissermaßen eingefangen, gebändigt durch die Selektion als »einordnende« Kraft.

Und das macht Sinn. Denn Ordnung ist die stabilisierende Grundvoraussetzung aller funktionierenden Systeme, auch jeglicher folgerichtiger Geschichte bis hinein in die Menschheitsgeschichte.

Wer Perspektiven entwickelt, arbeitet gegen den Zufall. Er will das Geschehen eben *nicht* dem Zufall überlassen. Die evolutionär erfolgte Bildung von Eigenschaften, Gesetzen, Systemen, Geschichte – das alles sind Akte wider die Beliebigkeit, wider den Zufall.

Die ordnende, in eine Richtung weisende und zumindest innerhalb dieses Geschehens sinnvolle Evolution scheint für einige Naturalisten oder Humanisten ein Problem darzustellen. Gelegentlich ist dann die Rede vom »sinnleeren«, »ziellosen«, »dem Zufall unterworfenen« Universum.

Ist es die unbewusste Angst des Atheisten vor einem transzendenten ordnenden Sinngeber, die ihn dazu verleitet, den Zufall zum Herrscher des Universums zu küren?

Im Widerspruch zur postulierten Zufallsthese dürfte jedoch die von denselben Sinn- und Zielverweigerern häufig zitierte »Selbstorganisation der Natur« stehen, die ja ein sinnvolles, zielgerichtetes Geschehen beinhaltet. Denn wer etwas organisiert, hat ein Ziel im Auge, greift ordnend ein.

Wie umgehen mit der Polarität *Notwendigkeit* und *Zufall*, bzw. *Ordnung* und *Chaos*? Das monistische Weltbild ist immer in der Versuchung, das eine auf Kosten des anderen zum Sieger zu erklären. Mit der Verabsolutierung des einen Pols, mit einem radikalen Entweder-Oder werden wir der Wirklichkeit jedoch nicht gerecht. Im Sinne der alles beherrschenden Polarität sollten wir keinem der Gegenspieler den »Primat«, den Vorrang als »oberstes Prinzip« zugestehen.

Die Rolle des Zufalls als Mit- und Gegenspieler in dem kreativen Spiel sei nicht geleugnet. Doch Zufall alleine stellt keine Ordnung her. Aus einem Potpourri von Zufällen bilden sich keine Eigenschaften, Gesetze, Systeme, auch keine Kunstwerke. Unter der Diktatur des Zufalls entstünde heilloses Chaos. Und im Gegenzug: Ordnung bedarf des zufälligen, »chaotischen« Ausbrechens aus der Ordnung, um lähmenden Stillstand zu vermeiden.

Es ist ein antagonistisches und zugleich komplementäres Zusammenspiel. Beide Pole – Notwendigkeit und Zufall, Ordnung und Chaos – müssen miteinander »kokettieren«, damit attraktives, funktionierendes Neues entsteht. Das Universum ist weder ein Ort starrer, steriler Ordnung noch ein Ort der Beliebigkeit. Beide Pole – Ordnung und Chaos – sind ambivalent. Sie können sich kreativ und destruktiv auswirken. Keiner der beiden Kontrahenten darf letztlich die Oberhand gewinnen.

Die Evolution des Universums verrät hemmungslose Neugier und Risikobereitschaft. Was immer jedoch an Neuem entsteht, es muss sich »anpassen«, der bestehenden Ordnung unterwerfen. Erst dann macht es »Sinn«. Man darf getrost behaupten, mit dem Urknall und den sich ausdifferenzierenden Polaritäten beginnt zumindest der *innerweltliche* Sinn.

Evolution und Transzendenz

Die Evolution, das Spiel von Mutation und Selektion als reine Zufalls- und Anpassungsereignisse zu deuten, erscheint unterinterpretiert, erfasst nicht die ganze Dimension des Geschehens. Jede neue, komplexere, höhere Stufe innerhalb der Evolution ist nicht »nur besser angepasst« als die vorige. Im Gegenteil. Die Lebewesen z.B. sind fragiler, gefährdeter als die unbelebte Materie.

Mit den rein funktionalen Elementen *Anpassung* und *Optimierung* können wir den evolutiven Aufstieg, die phantastische Artenvielfalt, ihre überbordende Ästhetik und Verhaltensweisen nicht erklären. Die Evolution hätte auf die Dimensionen *Leben* und *Geist* verzichten oder sich mit ein paar wenigen robusten Standardmodellen zufrieden geben können. Orchideen, Paradiesvögel, Romane oder Symphonien sind mehr als Anpassungs- oder Optimierungsversuche. Nicht nur der Komponist, Romanautor oder Erfinder – auch die Natur –, sie alle sind suchend auf der Spur faszinierender neuer Möglichkeiten, die in dem vorgegebenen Material bzw. Potential stecken.

Neben der Frage nach der *Struktur* und dem *Potential* erscheint ebenso spannend wie unausweichlich die Frage: In welche *Richtung* weist das evolutionäre Geschehen im Universum und auf unserem Planeten?

Allem Anschein nach geht die Richtung vom scheinbar Einfachen, dem Urplasma, zum differenzierten Vielfachen, und weiter, vom Vielfachen in Richtung Komplexität.

Aus jenem diffusen, unspezifischen Urplasma bilden sich diverse Systeme, die Galaxien. Auch die danach entstehenden Elemente stellen dank ihrer spezifischen Eigenschaften differenzierte, »vielfache« Materie dar. Zudem lassen sie eine systemische Ordnung, das »Periodensystem«, erkennen. Im Lauf der Evolution bilden sie Verbindungen und erreichen damit einen höheren Grad an Komplexität.

Von den relativ einfachen anorganischen chemischen Verbindungen führt die Entwicklung zu den hochkomplexen organischen Verbindungen, die erst die qualitativ völlig neuartige Dimension *Leben* und damit die Biosphäre ermöglichen. Auch hier wiederholt sich die Evolution vom Einfachen zum Vielfachen und weiter zum Komplexen, vom Einzeller zum Vielzeller. Das »Leben«, ein wie »Evolution« und »Natur« oft pseudopersonal gebrauchter Begriff, gibt sich mit einfachen, stabilen Standardmodellen nicht zufrieden. Es explodiert zu einer gigantischen Vielfalt der Arten. Und es bilden sich hochkomplexe ökologische Systeme.

Die Höherentwicklung der ursprünglichen Materie zu den Dimensionen *Leben* und *Geist*, dieses Überschreiten von Grenzen, könnte man das »transzendente Moment der Evolution« nennen. »Transzendenz« also einmal anders, säkular gedeutet.

Wissenschaft und Philosophie sprechen in diesem Zusammenhang von »Emergenz«. Ob *emergente*, d.h. »neu auftauchende«, oder *transzendente*, »grenzüberschreitende« Qualitäten oder Seinsstufen – ob Emergenz oder Transzendenz –, die unterschiedlichen Begriffe können über die Nähe oder Parallelität der beschriebenen Prozesse nicht hinwegtäuschen.

Der Begriff »Transzendenz« ist durch dessen Bedeutung in den Religionen, die ihn nur auf »Jenseitiges« beziehen, belastet. Während die Religionen in der Emergenz oder Transzendenz innerhalb der Evolution das Wirken einer göttlichen Macht sehen, verzichten die Säkularen auf die Interpretation des Geschehens. Eine eindeutige Richtung in der Evolution zu sehen, erscheint ihnen suspekt. Denn diese Richtung könnte ein Ziel und dieses wiederum einen Plan, einen Sinngeber bedeuten. Und das widerspräche der propagierten Zufallsthese.

Es dürfte schwerfallen, die Richtung der Evolution zu leugnen. Auch die auf der qualitativ neuen Dimension *Geist* beruhende Kultur des Menschen entwickelte sich von einfachen zu komplexen, von »primitiven« zu »höheren« Leistungen und Lebensformen.

Offensichtlich nimmt die Bedeutung des Geistigen weiter zu. Die Gewichte verschieben sich vom ursprünglich »Haptischen«, Materiellen, in Richtung eines »Virtuellen«, Immateriellen. Auf die industrielle Revolution, die noch ganz von der Mechanik geprägt war, folgte die auf die künstliche Intelligenz fokussierte digitale Revolution.

Das Leben des Modernen mit Internet und Smartphone, seine Ausflüge in virtuelle Welten – das alles gibt eine Ahnung von der permanenten Zunahme des virtuellen Lebens.

Überspitzt ausgedrückt weist die Evolution auf unserem Planeten von der »dumpfen« Materie zum »lichten« Geist, wobei die Materie dank des ihr innewohnenden Potentials niemals dumpf oder geistlos war und der menschliche Geist ohne Verbindung zur Materie nicht vorstellbar ist. Die beiden Pole *Materie* und *Geist* dualistisch zu trennen, ist ebenso sinnlos, wirklichkeitsfremd wie der monistische Versuch, sie auf den einen Pol als den »Einen« und »Eigentlichen« zu reduzieren.

Das geistige Potential des Homo sapiens, verortet in seinem schier unersättlichen Organ Gehirn, scheint ähnlich der Evolution keine Grenzen zu kennen. Es »transzendiert« sie mit Lust in Richtung eines vorauszuahnenden, aber nicht wirklich vorhersehbaren zukünftigen »Besseren« oder »Höheren«.

Der menschliche Geist als Schöpfer und Geburtshelfer der Utopie? Ist demnach die Evolution Vorbild, Spiegelbild und Quelle aller die Gegenwart überschreitenden Gedankenexperimente, aller Utopien?

Evolution und Utopie

Da hat Homo sapiens also einen Geist bekommen, der ganz im Sinne der Evolution nicht den Status quo erhalten, sondern immer weiterschreiten will. Sein Auftrag, wenn wir einmal eine Ausstattung oder Fähigkeit als »Auftrag« verstehen, dürfte lauten: Du sollst dir ein Bild von der Welt machen! Du sollst sie erkennen, eine Perspektive entwickeln und Verhaltensnormen definieren, die dein Überleben sichern!

Der menschliche Geist bewegt sich ja zwischen den beiden Polen *Erkennen* und *Phantasieren*. Das Erkennen ist auf die reale Wirklichkeit, auf Vergangenheit und Gegenwart gerichtet, das Phantasieren widmet sich dem Möglichen, der Zukunft. Diese dem Geist oder Bewusstsein eigene Zeitdimension unterscheidet Homo sapiens von seinen animalischen Vorfahren.

Erinnern, Erkennen und phantasierendes Nach-vorne-Schauen – die Grundelemente jeder Utopie – machen den elementaren Unterschied aus. Tiere haben keine Utopie, sie sind gefangen im Hier und Jetzt. Insofern kann man die Utopie in all ihren Varianten – Mythen, Religionen, Ideologien, Narrative – als »anthropologische Konstante« bezeichnen. Diese anthropologische Konstante nur auf die Religion zu beschränken, wäre kurzsichtig, rückwärtsgewandt.

Die kulturelle Evolution verläuft nach dem gleichen Muster wie alle vormenschliche Evolution per Mutation und Selektion. Die Neugier, die Offenheit des Geistes sorgt für »Mutationen«, für kreative Experimente. *Horizontal* schafft sie *Differenzierung*, kulturelle Vielfalt. *Vertikal* bewirkt sie eine zunehmende *Komplexität*, den Aufstieg vom Niederen, »Primitiven«, zum Höheren, z.B. zur »Hochkultur«.

Was sich nicht bewährt, was erfolglos oder unfähig zur Anpassung ist, wird per Selektion fallengelassen. Die Evolution des menschlichen Bewusstseins und seiner Utopien in dem Spiel von »Trial and Error«, gleichbedeutend mit dem Projekt »Homo sapiens«, dürfte noch voll im Gange sein.

In dem Zusammenspiel von Erkennen, Deuten und Phantasieren haben sich die Schwerpunkte dank zunehmender Welterkenntnis im Lauf der Geschichte verschoben. Die mangelnde Erkenntnis unserer Vorfahren beförderte Fehldeutungen und die Flucht aus der Welt des Verstehens in die Welt des Wünschens, in hemmungslose Phantasien.

Der frühe Homo sapiens stand der Welt unwissend, erschrocken und staunend gegenüber. Seine Erzählungen waren, wie bei einem Kind, genährt aus Ängsten und Wünschen. Naiv und unwissend, war er alles andere als »sapiens«.

In dem Konflikt zwischen Wunsch und Wirklichkeit geriet er dank seiner Unkenntnis und »optischer Täuschungen« geradezu zwanghaft auf die Irrwege der Illusion. Illusion bedeutet den Sieg der Phantasie über die Wirklichkeit.

Die Schwerpunktverlagerung innerhalb der Weltbilder wurde klassisch beschrieben als die Entwicklung »vom Mythos zum Logos«, von der erzählenden Phantasie zum nüchternen Erkennen. Es ist die Emanzipation vom kindlichen Glauben zum erwachsenen Verstehen. Im abendländisch-christlichen Kulturkreis ist es der Übergang vom Glauben an die göttliche Offenbarung zur erkenntnisbasierten Interpretation der Wirklichkeit.

Das naturwissenschaftliche Weltbild setzt ganz auf Erfahrung, auf verifizierbare Erkenntnis unter Verzicht auf spekulative, sprich phantasierte Begründungen und Erklärungen. Seit der Aufklärung gilt, provokant ausgedrückt: »Denken ist Offenbarung!«

Beim Wettbewerb der Weltbilder stehen sich im Extremfall ein kühler Rationalismus und ein emphatischer Illusionismus gegenüber. Doch wie sieht das mit der inhaltlichen Ausrichtung der Kontrahenten in puncto Zukunftserwartung aus? Worin unterscheiden sich ihre Antworten auf die zweite der drei klassischen Fragen: »Was darf ich erwarten?« Verraten diese Antworten trotz der gegensätzlichen Konzepte womöglich ein gemeinsames Denkmuster?

Was darf ich erwarten?

Die Herausforderung

Homo sapiens hat von der Evolution den Geist, das Instrument für Utopie bekommen, genauer gesagt, für ein evolutives Utopie-Potential, das noch nicht ausgereizt ist. Es schlummern noch Möglichkeiten, die Wirklichkeit werden könnten. In welche Richtung zielt utopisches Denken oder Träumen, was ist die Herausforderung?

Die große Herausforderung dürfte die »Negativseite« der Wirklichkeit sein, die bitteren Realitäten wie Naturkatastrophen, Krankheiten, Mangel und Tod. Hinzu kommen die menschengemachten Grausamkeiten. Es stellt sich die Frage: Wie geht das menschliche Bewusstsein mit der Negativseite der Wirklichkeit um? Was unterscheidet das säkulare von den transzendentalen Weltbildern? Sind sie tatsächlich total kontrovers oder gibt es heimliche Parallelen?

Rufen wir uns die Negativseite der Wirklichkeit, die »Grausamkeiten« ins Gedächtnis, an denen sich die Utopien, von den Mythen bis zu den modernen Ideologien, abgearbeitet haben. Die grundlegende Grausamkeit im Bereich des Lebendigen ist das Überlebensprinzip: »Töte, um zu überleben!« Überleben geht meist auf Kosten eines anderen Lebewesens. Fast jedes Lebewesen hat »natürliche Feinde«. Auch der Mensch, der sich nur zu oft selbst Feind ist, unterliegt dem gleichen Prinzip. Neben den äußeren Feinden ist es die einprogrammierte Destruktivität des Alterns, der unbesiegbare, überall und jederzeit lauernde »Feind« Tod, der den Menschen von Anbeginn an herausfordert, grausamer und tragischer noch, wenn er nicht erst nach einem erfüllten Leben zuschlägt.

Ein weiteres »Übel« dieser Welt ist die Grausamkeit des schlimmen Zufalls, »Unglück« oder »Unfall« genannt. Es ist das destruktive Zusammentreffen einer scheinbar sicheren Ordnung mit unglücklichen Umständen wie menschlichem oder technischem Versagen oder mit zerstörerischen Kräften wie Naturkatastrophen. Es ist das unberechenbare Spiel des Chaos, in der Bildwelt des Mythos das teuflische Spiel des »Diabolos«, das nur zu oft bei Mensch und Natur zum Zuge kommt.

Die oft emphatisch zitierte »Schöpfung« könnte man mit gleichem Recht »Zerstörung« nennen. Und auch die vielgepriesene Ökologie ist kein harmonisches Miteinander, sondern ein komplementäres Mit- und Gegeneinander von Freunden und Feinden, wo sich Kreativität und Destruktivität in einem gewissen Gleichgewicht befinden.[2]

Das erbarmungslose Überlebensprinzip des »Fressen-und-gefressen-Werdens« sollte genügen, das christliche Gottesbild eines »Gottes der Liebe« zu desavouieren. Die logische Schlussfolgerung – wer sich so etwas ausdenkt, kann kein Gott der Liebe, des Erbarmens sein! – dürfen die Gläubigen nicht zulassen. Die Destruktivität der Natur verdrängen sie.

Also blenden sie die dunkle Seite der Natur aus oder konzentrieren sich auf positive Ausschnitte. Sie bewundern die Schönheit und Kreativität der Natur und schwärmen gar von »Naturparadiesen«. Wer so euphemistisch von der Natur spricht, schaut relativ empathielos auf die Dramen und Tragödien, die sich in diesen »Paradiesen« abspielen. Er lässt die Wirklichkeit nicht oder nur in Ausschnitten an sich heran.

Um ihr Gottesbild zu retten, bedienen sich die monotheistischen Religionen eines Tricks. Sie trennen die Schöpfung in eine »Zweiklassenschöpfung« auf, in die Natur und die Kultur. Das Geschehen in der Natur bewerten sie nicht. Sie empfinden kein Mitleid und keine Empörung über das, was dort geschieht. Sie schreiben es dem Schöpfer als dem Verantwortlichen nicht zu. Sie ziehen auch keine Rückschlüsse von der Schöpfung auf den Schöpfer.

Letztlich ist es der Mensch, der die Schuld an allem Elend dieser Welt trägt. Natürlich müsste man auch alles Leid, das sich in der Menschenwelt abspielt, dem Schöpfer als dem Ursprung allen Seins zuschreiben. Seine Rechtfertigung, als »Theodizeeproblem« bekannt, bleibt denn auch ein für die Gläubigen unlösbares Problem, ein »Geheimnis«.

Was ist das allem zugrunde liegende Problem? Natur und Kultur stehen unter dem unvermeidlichen Gesetz der Polarität. Im Grunde geht es bei dem Entwurf von Utopien immer um die Polarität *gut – schlecht*, bzw. *positiv – negativ*. Wie interpretieren die Weltbilder die provozierende Existenz des Negativen?

Die jüdisch-christliche Tradition macht den Sündenfall der ersten Menschen, der später als »Erbsünde« interpretiert wurde, für alles Negative bis hin zum Tod verantwortlich. »Im Schweiße deines Angesichts sollst du ...« – der Überlebenskampf, den es im ursprünglichen Paradies nicht gab, wird als Strafe für den Sündenfall gedeutet.

Die prinzipielle Sündhaftigkeit des Menschen begründet denn auch sein Erlösungsbedürfnis und das auf ein Jenseits gerichtete Zukunftsversprechen. Von einer »Neuschöpfung« am Ende aller Tage, wo Wolf und Lamm friedlich nebeneinander lagern, ist die Rede. Es wird das neue und endgültige Paradies sein.

Nicht nur die Jenseitsorientierten hadern mit der Wirklichkeit. Auch einigen Humanisten macht das Negative in der Welt Probleme. Da ist die Rede von »Webfehlern« und mancher hält das ganze Geschehen dank der »Nöte des Menschseins« gar für »sinnlos« und »absurd«. Nur durch ein heroisches Trotzdem könne man das Leben irgendwie überstehen.

Bei beiden Weltbildern ist die Polarität *positiv – negativ* der Angelpunkt der Deutungen und utopischen Entwürfe. Bei der Betrachtung dieser Entwürfe muss man allerdings zu dem Schluss kommen, beide Seiten haben den Sinn der Polarität nicht verstanden.

Die Erlösung – das große Versprechen

Das Leiden an der Wirklichkeit, an den bitteren Realitäten des Lebens nährte vom Anfang aller Kultur an den Traum von einer »besseren«, »anderen« und »höheren« Welt. Er ist getragen von dem verführerischen Glauben an ein Happyend, von der Sehnsucht nach finaler Gerechtigkeit und ungetrübtem Glück und von der Hoffnung auf ein Weiterleben nach dem Tod, gleichbedeutend mit der Unsterblichkeit.

Die frühen Menschen, die den Grausamkeiten relativ hilflos ausgeliefert waren, setzten ihre Hoffnung auf überirdische helfende Mächte, zunächst auf die Ahnen, dann auf Geister und Götter. Diese waren menschliche Superprojektionen, wirkmächtig und frei von allen irdischen Begrenzungen. Entsprechend den guten und bösen menschlichen Erfahrungen waren es gute und böse Geister oder Götter. Ihre Welt war das in eine »höhere Wirklichkeit« projizierte Abbild der Menschenwelt.

Aber diese in gegenseitige Abhängigkeiten verstrickten Götter konnten nicht die Lösung der Probleme sein. Folgerichtig reduzierte das menschliche Bewusstsein mit zunehmender Emanzipation des Ichs die *vielen* Götter auf den *einen, allmächtigen,* nun wirklich *absoluten* Gott des Monotheismus. Der wahre Gott kann keine fremden Götter neben sich dulden!

Das war die Geburt des Absoluten.[3] Der ursprünglich noch »menschliche« Gott des Alten Testaments mit seinen Ausbrüchen des Zorns und aggressiven Anweisungen an sein Volk wurde später im Neuen Testament zum gütigen, barmherzigen Vatergott, zu einem »Gott der Liebe« erklärt.

»Gott liebt dich!« – was kann ein Gläubiger Besseres und Tröstlicheres erhoffen oder glauben, auch wenn seine täglichen Erfahrungen eine andere Sprache sprechen? Die Unvereinbarkeit des christlichen Gottesbildes mit der Negativseite der Wirklichkeit ist und bleibt jedoch das Hauptproblem des Monotheismus. Der Polytheismus hatte kein Problem mit dem Negativen. Er kannte und akzeptierte gute und böse Geister oder Götter. Insofern war er näher an der Wirklichkeit als der Monotheismus.

Was hat sich beim Übergang vom Polytheismus zum Monotheismus weltanschaulich geändert? Der Monotheismus ist die Ur-Utopie des Absoluten. Mit ihm kippt das polar-plurale in ein monistisches Bewusstsein um, das von der fatalen Faszination des »Mono« lebt. Es war der *»Sündenfall der Bewusstseinsgeschichte«.* »Monismus« nenne ich, wie schon gesagt, die Rückführung der polaren Phänomene auf das vermeintlich »Eine« als das »Eigentliche«, das dann zum »obersten Prinzip« oder »Grundprinzip« verabsolutiert wird, für manchen vielleicht ein etwas ungewohnter, weil weit gefasster Monismusbegriff.

Der gemeinsame Nenner aller monistischen Utopien ist die Mechanik des Verabsolutierens eines als positiv oder faszinierend empfundenen Aspekts. Die zahllosen Ismen, z.B. innerhalb der Kunst- und Geistesgeschichte, stellen das Absolute quasi »im Kleinformat« dar. Die großen Erlösungs- oder Heilsutopien entwerfen eine von allem Unheil befreite Anti-Welt.

Das »Erlöse uns von dem Bösen!« geistert denn auch durch alle Varianten utopischen Denkens. Die Religionen predigen den Messias und Erlöser oder die Liebe und Barmherzigkeit ihres Gottes. Als Lohn des Glaubens wartet auf die Gläubigen das »ewige Leben«, mehr noch, die »ewige Glückseligkeit«.

»Paradies« und »ewiges Leben« sind die Verabsolutierung des Positiven. Ursprünglich war dem Menschen, gemäß dem Mythos, nach dem Sündenfall der »Baum des Lebens«, die Unsterblichkeit, verwehrt. Nun, nach der Vergebung der Sünden durch das Blutopfer des Gottessohnes hat der Tod seinen Schrecken verloren. Denn es ist ja nur ein »Scheintod«. Die Seele der Gläubigen wird sich auf den Weg ins Paradies machen.

Etwas polemisch ausgedrückt besagt die christliche Heilsgeschichte: »Gott wurde Mensch, damit der Mensch Gott werde«, d.h. die Unsterblichkeit erlange. Die Unsterblichkeit war ja ursprünglich das Privileg der Götter. Was liegt dem maßlos utopischen Denken näher, als dieses Privileg zu usurpieren?

Die christliche Paradiesvorstellung von der »seligen Vereinigung mit Gott« klingt zwar ziemlich vage, für Menschen aus Fleisch und Blut nicht eben attraktiv, schwer vorstellbar, wie die »Fülle des Lebens« in einem entsinnlichten, geschichtslosen Jenseits aussehen soll; aber immerhin, das Urproblem des Menschen, die Sterblichkeit, scheint gelöst.

Was für eine Art von »Erlösung« hat das säkulare Weltbild anzubieten? Zunächst einmal befreit man den Menschen von seinem schlechten Gewissen. Mit der Leugnung des »freien Willens« schafft man die Schuld und damit die Sünde ab. Die Erlösungsbedürftigkeit sieht nun ganz anders aus. Jetzt geht es nur noch um den Kampf gegen Mangel und Frustrationen.

Als »frohe Botschaft« predigt man den »Eigennutz« und den »Hedonismus«. Auch wenn diese dann doch irgendwie gebändigt und in »vernünftige«, »anständige« und »gerechte« Bahnen gelenkt werden sollten, so gelten sie doch als die obersten Prinzipien des Lebens. Etwas spröder klingende Existenzbedingungen wie der »Überlebenskampf«, der ja die elementare Herausforderung jedes Lebewesens darstellt, werden in dem sinnenfrohen Konzept nicht erwähnt.

Die hedonistische Lust- und Glückssuche ist im Grunde nur die säkulare Variante der transzendentalen »ewigen Glückseligkeit«. Sie dürfte allerdings nur relativ wenigen privilegierten Menschen, die auf den Inseln des Wohlstands oder in epikureischer Abgehobenheit leben, vorbehalten sein. Auch wenn durch das Wohlstandsbürgertum in einigen Regionen der Welt eine gewisse Demokratisierung des Hedonismus, der vormals das Privileg der Eliten war, stattfindet, die Masse der Menschen auf diesem Planeten wird sich bestenfalls mit der »kleinen Schwester des Glücks«, mit »Zufriedenheit« begnügen müssen.

Die Attraktivität des säkularen Weltbilds und seiner Botschaft dürfte umso geringer sein, je niedriger der Lebensstandard des Einzelnen ist, je weniger Chancen er auf ein Leben nach dem Motto »Carpe diem!« hat. Ganz abgesehen davon, auch für praktizierende Hedonisten können Lust- und Glücksgefühle nur Momentaufnahmen, kein Dauerzustand sein.

Im Gefolge des säkularen Hedonismus produzieren zahllose Ratgeber und Glücksforscher ihre meist egozentrierten Anleitungen zum Glücklichsein. Natürlich ist die Glückssuche ein Element des Lebens. Die Umwandlung des ehemals transzendentalen in einen säkularen Hedonismus scheint also nur logisch.

Und während die ewige Glückseligkeit im Jenseits auf sich warten lässt und es mit dem verkündeten »Reich Gottes« hienieden offensichtlich nichts wird, hoffen die Säkularen auf Kants »ewigen Frieden« auf Erden. Hat diese Hoffnung eine Chance, kann sie sich jemals erfüllen?

Die transzendentalen Weltbilder dürfen in ihren Heilsversprechen maßlos sein. Eine ehrliche, selbstkritische, sich »naturalistisch« nennende säkulare Weltdeutung kann das nicht. Die Natur ist kein Vorbild für Träume vom Paradies. Entgegen allen ästhetisch betörenden und temporär beglückenden Momenten – es gibt auf dieser Welt keine »Paradiese«. Es hat sie nie gegeben, es wird sie nie geben. Das ist der große Nachteil der säkularen gegenüber den transzendentalen Utopien. Sie haben keine oder eine nur bescheidene »frohe Botschaft«. Sie können keine finale Gerechtigkeit versprechen oder gar durchsetzen. Es fehlt der göttliche Exekutor am Ende der Zeit. Den von einem schlimmen Unglück Betroffenen haben sie im Grunde nichts Tröstliches oder Erlösendes zu bieten.

Die säkulare Weltsicht kann mit den transzendentalen Heilsutopien nicht konkurrieren. Neben allen

Versuchen, die Lebensverhältnisse human zu gestalten, es gilt, mit den elementaren bitteren Realitäten zu leben, sie bestenfalls abzumildern. Es gibt keine Chance auf ein ewiges Leben, der Tod hat das letzte Wort. Statt des finalen Happyends in einem Jenseits bleibt den Humanisten nur die wenig frohe Botschaft eines »selbstbestimmten Sterbens« für Menschen, die am Ende ihres Lebens in größte Not geraten.

Der Gottesmythos – die große Versuchung

Paradies und ewiges Leben sind die zwei alles beherrschenden Zielprojektionen der transzendentalen Utopien. Deren Urgrund und Krönung ist der Gottesmythos, die Vorstellung überirdischer Wesen bis hin zu dem einen allmächtigen Gott des Monotheismus, einem »reinen Geist«. Dieser Mythos spiegelt in gewisser Weise die Evolution des Urplasmas zur »höchsten« Dimension, dem *Geist,* wider, bei Homo sapiens kreativ und destruktiv zugleich wirkmächtig.

Der Gottesmythos ist die weiter oder zu Ende gedachte, von allen Begrenzungen, aller Erdenschwere befreite Möglichkeit des Menschen. Als Summe und Endziel allen utopischen Denkens und Träumens stellt er die heimliche Leitidee der kulturellen Evolution dar. »Ihr werdet sein wie Gott« lautete ja gemäß dem Mythos das Versprechen Satans, des großen Verführers. Und bekanntlich steckt in den Mythen oft ein verblüffender Wahrheitsgehalt. Sie ahnten gewissermaßen, was da kommen würde.

Evolution bedeutet, wie schon beschrieben, immer auch das Überschreiten von Grenzen. Mit der Vorstellung eines »Jenseits« überschritt der Mensch die räumlichen Grenzen des Universums, mit der Idealprojektion »Gott« überschritt er die eigenen Grenzen. Zunächst noch auf Wesen einer anderen Welt übertragen, hat diese Idealprojektion – es war wohl eine Selbstahnung – den Weg von der Transzendenz in die Immanenz, ins Diesseits gefunden. Mit zunehmendem Selbstbewusstsein begann der Mensch, sich gegenüber seinen Göttern oder seinem Gott zu emanzipieren, die Dinge selbst in die Hand zu nehmen.

Homo sapiens hat den Mythos vom »Ebenbild Gottes« ernst genommen. An diesem achten Schöpfungstag ist *er* der Herr der Geschichte. Dank genetischer Züchtungen und künstlicher Intelligenz ist er dabei, seine Schöpfung 2.0 zu vollenden, das verlorene Paradies wiederherzustellen. Die Quelle der Hoffnung ist das schier unerschöpfliche wissenschaftlich-technische Potential, das er seit der Neuzeit rasant entwickelt. Irgendwann wird er, wie im Mythos, sagen können: »Siehe, jetzt ist alles gut!«

Die säkulare Aneignung des Gottesmythos ist in vollem Gange, begünstigt durch die Evolution der menschlichen Kreativität und Destruktivität. Deren Bandbreite hat sich permanent erweitert, von der Steinzeit in das digitale Zeitalter, vom Faustkeil zur Atombombe. Die großen Götter waren immer Schöpfer *und* Zerstörer. Warum sollte der Mensch auf die Lust des Zerstörens verzichten?

Homo sapiens verwirklicht ungeahnte Möglichkeiten. Die göttlichen Attribute *Allwissenheit, Allmacht, Allgegenwart* und *Unsterblichkeit* sind dank Wissenschaft, Technik und digitaler Vernetzung in greifbare Nähe gerückt. Den Abschied von jeglicher Anstrengung werden die Roboter – von künstlicher Intelligenz gelenkte autonome Maschinen – ermöglichen.

Die zunehmende Virtualisierung des Lebens und Erlebens wird den Menschen von der Schwerkraft der Materie, von dem ehemals unheimlichen Sog animalischer Triebe befreien. Fortan wird er per Internet, Smartphone und digitaler Technik die Freiheit und göttliche Lust des Zuschauers genießen.

Eines Tages wird er, so seine Hoffnung, auch die zuvor unlösbar scheinenden Probleme – die Naturkatastrophen, Krankheiten, Schicksalsschläge – in den Griff bekommen. Dann endlich hat er den Status des Absoluten, die »Autonomie«, erreicht. Das derzeit gepredigte »autonome Individuum« gibt als später säkularer Abglanz des monotheistischen Gottes den Vorgeschmack einer von allen Abhängigkeiten und Unwägbarkeiten befreiten Existenz.

Nur mit der Unsterblichkeit scheint es noch zu hapern. Transhumanisten spekulieren darüber und basteln daran. Sie träumen von zukünftigen Wesen, die dank künstlicher Intelligenz und postbiologischer Trägersubstanzen dem Menschen überlegen und natürlich unsterblich sein werden. Sind das säkulare Träume von »digitalen Göttern«? Versucht man, den Gottesmythos, wenn er denn dem Menschen versagt bleibt, notfalls auf Wesen nach uns zu übertragen?

Der Charme der Utopien

Die Zahl der Utopien, vom frühen Ahnenkult bis zu den säkularen Varianten, ist unendlich. Was macht ihren Charme aus? Bei den Religionen ist es die einfache Erklärung des Unerklärlichen, des ersten Grundes und letzten Ziels. Die säkularen Konkurrenten verzichten auf letzte Deutungen. Humanisten lehnen diese Fragestellungen ab oder bekennen sich zu einem dezidierten Atheismus. Als »Glaubensbekenntnis« ist der Atheismus eine Möglichkeit, als apodiktische Aussage erscheint er mir jedoch ziemlich fragwürdig.

Die derzeit erfolgreichste Ideologie, der Kapitalismus, begnügt sich mit der reduktionistischen Deutung der Welt als eines »Marktes«. Das Florieren und die Globalisierung der Märkte werden, so sein Versprechen, ein Paradies des Wohlstands schaffen.

So unterschiedlich sie in der Deutung sind, allen Utopien gemein ist das verlockende Zukunftsversprechen, die Vision einer anderen, besseren, womöglich »höheren« Welt. Es ist dies ein Gemisch aus Erwartung, Hoffnung und Illusion. Am erfolgreichsten sind die Utopien mit einem grenzenlosen Versprechen. Eine weitere Zutat für den Erfolg dürfte das Charisma, die Verführungskraft der Utopisten, sein. »Wer an mich glaubt, wird leben ...« – diese Art von messianischem Größenwahn und Heilsversprechen hat noch immer naive Gemüter entzückt.

Neben den Zukunftsversprechen, der Hoffnung auf Erlösung von allem Übel, sind es die »spirituellen« Bedürfnisse, die oft von den Heilsbringern bedient werden. Per Gottesdienst oder allerlei Meditationstechniken bewegen sich die Heilsuchenden in »höheren« Welten oder Dimensionen. Ihr »metaphysisches« Bedürfnis führt sie, so hoffen oder glauben sie, über die Physis hinaus – »Spiritualität« als edle Attitüde, als Erhebung aus dem Banalen ins Sakrale, Flucht aus dem Hier und Jetzt, in letzter Konsequenz als Befreiung von den Ketten des Daseins, buddhistisch gedeutet in die Freiheit des Nirwana, des Nicht-Seins.

Oft ist es das Leiden an der Differenz, an der Individualität, das Leiden am Ich, das den Meditierenden in die vermeintliche Geborgenheit eines Höheren, Allumfassenden lockt. Die Natur bietet wider alle frommen Erwartungen keine Geborgenheit. Gegen die heimliche Angst, ins Bodenlose zu stürzen, sollen die oft mystischen Vereinigungsphantasien helfen.

Neben der Entrückung aus dem Alltag haben sie einen weiteren Vorteil. Wer diese Art von Spiritualität zelebriert, kann auf die Reflexion, auf die Anstrengungen seines Verstandes verzichten. Selbst in humanistischen Kreisen ist bisweilen die Rede von »Mystik« und »Spiritualität«.

So verständlich das Bedürfnis nach Geistigem in einer Welt des banalen, platten Materialismus scheint, »Spiritualität« ist ein durch Religion und Esoterik verbrannter Begriff. Der »Spiritus«, der Geist, ist uns gegeben, nicht um in vermeintlich andere Welten abzudriften, sondern um mit dieser Welt zurechtzukommen, sie zu verstehen und kreativ zu gestalten.

Aber, das Verstehen ist ein kühles Vergnügen. Das Versprechen phantastischer Welten oder Zustände dagegen ist berauschend. Nicht das Verstehen, das Versprechen macht den eigentlichen Charme der Utopien aus. Der süße Duft der Illusion hat dem spröden Ruch der Wahrheit nur zu oft den Rang abgelaufen.[4]

Das Scheitern der Utopien

Utopien bieten Hoffnung, Trost und manchmal auch Antrieb zur Gestaltung und Veränderung. Das macht sie unwiderstehlich. Stellt sich die Frage: Warum das historische Scheitern all dieser Utopien? Weder das Reich Gottes auf Erden noch die friedlich geeinte Menschheit in einem Gerechtigkeit und Glück verheißenden Diesseitsparadies ist in Sicht. Stattdessen stellt die Geschichte der Menschheit eine Abfolge von Aufstieg und Fall der Utopien dar, oft verbunden mit kriegerischen Katastrophen. Dieser Mechanismus konnte nicht durchbrochen werden, die großen Versprechen haben sich nicht erfüllt.

Warum erweisen sich die klassischen Utopien im wahrsten, negativen Sinn des Wortes als »utopisch«? Warum scheitern sie an der Wirklichkeit? Ist diese womöglich »anti-utopisch« gestrickt? Warum ist das monistische Weltbild, das in der Idee des Einen, Absoluten gipfelt – vom Monotheismus bis zu den diversen philosophischen, politischen und ökonomischen Heilsutopien –, nicht der erhoffte Fortschritt, sondern ein fataler Irrtum?

Die monistische Denkungsart steht im Widerspruch zur Polarität des Seins. Das mag für die Jünger des Absoluten frustrierend sein. Aber gelegentlich müssen sich Denken und Phantasieren der Erkenntnis des Möglichen unterwerfen. Ich nenne das die »philosophische Demut« gegenüber dem Sein. *Das Sein ist, wie es ist. Es hat Recht und es macht Sinn.* Es muss sich uns gegenüber nicht rechtfertigen. Wir können nur versuchen, es zu erkennen. Erkennen heißt Verstehen, einen Sinn erfassen. Wenn wir den Sinn innerhalb des Seins nicht erkennen, ist das *unser* Problem. Natürlich bleibt es jedem überlassen, in eine andere, phantasierte, utopische Welt zu flüchten.

Was wäre im Umgang mit der Wirklichkeit nötig? Zunächst müsste man deren polare Grundstruktur verstehen und das Existenzrecht, die logische Notwendigkeit des Negativen anerkennen. Das Negative ist nicht »sinnlos«. Ohne Negativ kein Positiv! Die Verknüpfung von »Positiv« mit »Sinn«, von »Negativ«

mit »Sinnlosigkeit« ist naiv. Sinn macht nur das Zusammenspiel beider Pole.

Diese elementare »Sinnhaftigkeit« gilt für alle Polaritäten der Wirklichkeit. Eine monopolare Welt ist
für uns nicht vorstellbar. Man kann die Wirklichkeit
nicht halbieren und auf das eine, z.B. das Positive, reduzieren. Die *ganze* oder *keine* Wirklichkeit! Das ist
die philosophisch befreiende oder »erlösende« Erkenntnis. Sie erst ermöglicht die *Akzeptanz* der Wirklichkeit in ihrer gesamten Bandbreite. Über den Gegenspieler *Widerstand* wird noch zu sprechen sein.

Erst vor dem Hintergrund seines Gegenteils wird
etwas vorstellbar, existent. »Warm« ist ohne »kalt«,
»groß« ohne »klein«, »Leben« ist ohne »Tod« nicht
vorstellbar, sinnlos.[5] Zu diesem, ich nenne es »Kontrastprinzip«, gibt es neben dem logischen auch einen
sublogischen, intuitiven oder emotionalen Zugang.[6]

Wir Menschen haben merkwürdigerweise ein elementares Bedürfnis nach dem Negativen. Das Fernse-
hen mit den schlechten Nachrichten und den unzähligen Krimis beweist es. Das *nur* Gute und Schöne ist
auf Dauer langweilig, nahe an Kitsch und Idylle.
Wenn der Kontrast, das Schlimme und Furchtbare,
fehlt, ist der Zuschauer gelangweilt, frustriert.

Man kann das Weltgeschehen durchaus als gelun-
genes Schauspiel betrachten. Die Rollen sind unterschiedlich verteilt. Die Bandbreite an schönem und
schrecklichem Geschehen ist schier unendlich weit.
Keine mögliche Variante wird ausgelassen, weder ästhetisch noch ethisch, weder faktisch noch fiktiv. Dieses Schauspiel lässt, zumindest für den Zuschauer,
nichts zu wünschen übrig.

Wenn man die Logik der Polarität einmal begriffen hat, ist diese Welt in der Tat die »beste aller Wel-

ten«.[7] Eine alternative, andere Welt ist nicht denkbar. Infolgedessen: Freispruch für eine eventuelle Schöpfermacht! Seine Rechtfertigung, das »Theodizeeproblem«, erweist sich als sinnlos. Wenn es einen Schöpfergott gäbe, hätte er keine andere Wahl gehabt. Oder er hätte auf die Schöpfung verzichten müssen.

Allerdings lässt oder ließe er sich auch nicht monistisch auf einen »Gott der Liebe« reduzieren. Auch er wäre als der postulierte Urgrund allen Seins polar strukturiert, ähnlich seinem Ebenbild, dem Menschen, »zu allem fähig«, im Guten wie im Bösen.

Diese logische Schlussfolgerung können und wollen die Monotheisten nicht akzeptieren. Da sie mit der Polarität nicht zurechtkommen, ihren Sinn nicht begreifen, deuten sie die Existenz des Negativen oder »Bösen« als »Geheimnis des Glaubens«. Wo der Verstand auf Widersprüche stößt und kapitulieren muss, weil er die gewünschte Lösung nicht findet, da wird gerne das »Geheimnis« gepredigt.

Der großen Versuchung, der Vorstellung, das Negative eines Tages doch noch endgültig zu überwinden, erliegen auch die säkularen Utopien. Statt des Glaubens an die Erlösung mithilfe transzendentaler Mächte produzieren sie euphorische Glaubensbekenntnisse wie den Glauben an den »Sieg der Vernunft«, den »Sieg der Wahrheit« oder an das »Wunder der Empathie«.

Wenn sich diese Glaubensbekenntnisse oder Hoffnungen jedoch als illusionär erweisen, wie umgehen mit dem Negativen? Müssen wir es dann also fatalistisch hinnehmen? Dazu ein Zitat aus meinem Buch »Abschied vom Absoluten«:

»Wenn aber alles seine Berechtigung, seinen Sinn hat, können wir dann den Dingen getrost ihren Lauf lassen und das Weltgeschehen mit transzendentaler Gelassenheit vom Olymp philosophischer Entrückung aus betrachten, ähnlich dem göttlichen Beobachter, der das Laissez-faire zelebriert und sich nicht die Hände mit Geschichte schmutzig macht? Wenn alles so sein *muss*, warum sollten wir gegen irgend etwas Widerstand leisten, warum uns für irgend etwas mit Bestimmtheit engagieren?

Das polare Weltbild bedeutet nicht die Absegnung der Realitäten. Es erkennt zwar die Existenzberechtigung, die Notwendigkeit des Negativen oder »Bösen« an; aber es hat nicht automatisch Gleichgültigkeit oder die Umwertung der Werte zur Folge.

Die Akzeptanz der Widersprüchlichkeit des Seins kann vor der Verzweiflung und dem Gefühl der Absurdität schützen, sie erhöht gewissermaßen die Toleranzgrenzen; sie schwächt jedoch nicht den Willen zum Widerstand, wo er nötig ist. *Toleranz und Widerstand existieren in einem paradoxen, aber legitimen Nebeneinander.«*

Es ist eine Frage der beiden polaren Standorte, des Darüber und des Darinnen, des Betrachters und des in das Geschehen Verwickelten. Die philosophische Einsicht, dass dies alles so sein *muss*, ist für den vom Unglück Geschlagenen nur ein kühler oder gar kein Trost. Für ihn ist das nicht die »beste«, sondern zu Recht die »schlechteste aller Welten«.

Man kann die Welt als Betrachter begreifen und sie akzeptieren; es gibt aber auch genügend Gründe, sie als Betroffener zu hassen, sie samt Schöpfergott zu verfluchen.[8]

Die Verabsolutierung des als positiv empfundenen *Einen* bleibt die große utopische Versuchung. Etwas verabsolutieren heißt jedoch, es »ausreizen«, bis es »keinen Reiz« mehr hat. Das passiert auf allen Ebenen, von der Ästhetik in Kunst und Mode bis hin zu den großen Utopien, den Religionen und der politischen und ökonomischen Ideologien.

Von Seiten der Religion ist es das verkündete »eigentliche Ziel«, das verabsolutierte Jenseits, das seine Anziehungskraft verloren hat. Politisch war es der Absolutismus, dessen verabsolutierter Machtanspruch den Widerstand provozierte und diese Herrschaftsform beendete. Alle absolutistischen, diktatorischen Regime stehen auf schwankendem Grund.

Ökonomisch war es der Kommunismus, der durch die Verabsolutierung der Gleichheitsidee und deren gleichzeitige Pervertierung durch die Eliten die Gegenkräfte mobilisierte und zu Fall gebracht wurde. Dem Kapitalismus dürfte das gleiche Schicksal drohen, wenn er nicht imstande ist, sich vom Gegenpol her zu relativieren. Unnötig, die Abfolge der zahllosen Ismen in der Kunst- und Geistesgeschichte, ihr Kommen und Gehen zu erwähnen.

Verabsolutierungen funktionieren auf Dauer nicht. Gewöhnlich steuern sie auf einen absurden Endpunkt zu. Sie sind zum Scheitern verurteilt. Als Alternative zu den Heilsutopien bleibt uns nichts anderes übrig, statt der Utopie des Unmöglichen nach der Meta-Utopie des Bestmöglichen zu suchen, die im Kampf mit dem Negativen, wie in allen Konflikten und Spannungsfeldern, realistische Perspektiven entwickelt und dabei die polare Grundstruktur des Seins immer im Auge behält.

Was soll ich tun?

Ethik und Wille – frei oder unfrei?

Da hat der Mensch, dem Mythos gemäß, also »vom Baum der Erkenntnis von Gut und Böse« gegessen, d.h. er kann sich für eine selbstgesetzte Moral entscheiden. Neben der Weltdeutung und Zukunftsperspektive ist die Moral der dritte Stützpfeiler jeder Utopie. Bekanntlich führt der Weg ins versprochene Paradies über die Moral. Sie setzt die Wegweiser und Zäune. Das Jenseitsparadies erreicht man über die Einhaltung der gottgegebenen Gebote, den Weg ins säkulare Diesseitsparadies weist eine vernunftbegründete Ethik. Der Begriff »Ethik« klingt akademischer, weniger streng, auf jeden Fall attraktiver als »Moral«, wird also in säkularen Kreisen bevorzugt.

Mancher stellt sich die Fragen: Ist eine Ethik oder Moral ohne Religion, ohne höchstrichterliche Instanz überhaupt möglich? Fällt das moralische Gerüst oder Korsett in sich zusammen, wenn man das Interesse an Religion verliert? Sind demnach die Areligiösen moralisch schlechter? Unterliegen sie eher der Versuchung zur Lüsternheit, zu kaltem Egoismus bis hin zur Mordlust? Oder gibt es auch andere als religiöse Motivationen zu ethisch-moralischem Verhalten? Ist ein für die gesamte Menschheit gültiges »Weltethos« jenseits aller unterschiedlichen Weltanschauungen denkbar?

Die Ethik dürfte eines der komplexesten und kompliziertesten Themen sein. Wie sollen wir uns gegenüber den Mitmenschen oder der Natur verhalten? Was ist »natürliches« Verhalten? Welche ethisch-moralischen Vorstellungen sind als »über-« oder »unnatür-lich« infrage zu stellen, womöglich abzulehnen?

Und wenn wir die Natur als einzigen Bezugspunkt verstehen und uns nur ihr gegenüber verantwortlich fühlen, bleibt die Frage: Was darf der Mensch, der nicht mehr unter der Beobachtung einer jenseitigen richterlichen Macht steht, sozusagen »selbstherrlich« kreieren, befreit von der Rücksicht auf ehemals über-natürlich begründete Verbote oder Anordnungen? Machen Tabus noch Sinn, und wenn ja, wie können Tabus oder Verbote überhaupt noch begründet wer-den?

Formulierte Moral bewegt sich immer zwischen Ge- und Verboten. Sie ist zuständig für das Funktio-nieren der menschlichen Gesellschaft. Grob gesagt geht es um die Regeln des Zusammenlebens. Moral ist ein wesentliches Element der Selbstdomestizie-rung des Homo sapiens als eines »Gruppentiers«. Die Zähmung animalischer Triebe ist angesagt. Wie wird der Verführungskraft, die den Antrieben innewohnt, mäßigend entgegengetreten? Sexual- und Aggressi-onstrieb, die Unruhestifter jeglicher Gemeinschaft, stehen im Fokus klassischer Moral.

Doch wie ist diesen Trieben beizukommen? »Von außen« werden ihnen gewöhnlich von den Hütern der Moral durch allerlei Reglementierungen die Zügel manchmal bis hin zur Unterdrückung angelegt. Hat Homo sapiens auch ein »inneres« Instrument zur ihrer Beherrschung oder ist er ihnen quasi willenlos ausge-liefert? Womit wir beim »freien Willen« wären, von den christlichen Kirchen tapfer verteidigt, von vielen Säkularen infrage gestellt bis geleugnet.

Die jüdisch-christliche Tradition besteht auf dem freien Willen und damit auf voller Schuldfähigkeit.

Der biblische Sündenfall des ersten Menschenpaares wurde von der christlichen Religion sogar zur »Erbsünde« stilisiert. Ist die Idee der Erbsünde völlig absurd oder vielleicht die mythische Ahnung, dass der Mensch eine Art »Veranlagung zur Sünde« hat, dass er immer irgendwie in der Versuchung ist, die Regeln zu übertreten, und dieser auch immer wieder unweigerlich nachgibt? Ist Erbsünde, säkular gedeutet, die Anfälligkeit des Menschen, einen Eigennutz auf Kosten eines anderen oder der Gesellschaft zu ergattern, gipfelnd in kriminellem Verhalten?

Ohne Schuld keine Sühne. Der Opfertod des Jesus von Nazareth »zur Vergebung der Sünden« wäre ohne Schuldfähigkeit des Menschen sinnlos. Der christlich transzendentalen Absolution steht die säkulare, humanistische Absolution von Schuld durch die Leugnung des freien Willens gegenüber. »Sünde«, was ist das, gibt es das überhaupt?

Wo es keine Willensfreiheit gibt, gibt es auch kein Gut und Böse mehr. Fehlgeleitete, »eigentlich gute« Individuen sollten nach Meinung der Humanisten nicht bestraft, sondern lediglich resozialisiert werden.

Im Grunde gehe es immer nur um »Interessenkonflikte«, die möglichst »fair« ausgetragen werden sollten. Schwer zu erklären einer Rentnerin im Würgegriff eines Einbrechers, sie sei eben Opfer eines solchen Interessenkonflikts, den sie vielleicht durch gutes Zureden »fair« lösen könne. Wie diese etwas blauäugige Einstellung z.B. den Missetätern aus dem Bereich der organisierten, kalt planenden und wahrhaft skrupellosen Kriminalität beizukommen gedenkt, bleibt ein Geheimnis.

Die Abschaffung des »Bösen« bedeutet die Abschaffung von »Schuld und Sühne«, einer urmenschlichen Kategorie, die von der Kunst in unzähligen Dramen und Tragödien durchgespielt wurde. Die Humanisten sprechen den Übeltäter von jeglicher Schuld frei, lehnen Sühne oder Strafe im klassischen Sinn ab, machen den Delinquenten aber dennoch »verantwortlich« für seine Tat und führen ihn deshalb auch der vorgesehenen Strafe zu.

Macht der in diesem Zusammenhang gebrauchte Begriff »Verantwortung« für einen Unfreien, Getriebenen überhaupt Sinn? »Verantwortung tragen« wird im ursprünglichen Wortsinn immer mit der Möglichkeit, beispielsweise im Falle eines Fehlers oder Versagens, anders, besser entschieden zu haben, also mit einer gewissen Schuldfähigkeit assoziiert. Deshalb sind ja nur »schuldunfähige« Kinder oder psychisch Kranke von der Verantwortung für ihr Tun befreit.

Vermutlich haben beide Auffassungen, die religiös begründete und die säkulare, irgendwie Recht und Unrecht zugleich. Der Fehler dürfte in der Verabsolutierung des Begriffs »Freiheit« liegen. Bei der Willensfreiheit geht es um die Macht des Bewusstseins gegenüber dem Unbewussten, um die Frage: Wie viel Mitspracherecht hat der Präfrontale Cortex, in dem die Wert- und Moralvorstellungen gespeichert sind, gegenüber dem limbischen System, das die Befriedigung elementarer Antriebe einfordert? Haben bewusste Regulierungen eine Chance gegenüber der Macht unbewusster, unkontrollierter Instinkte?

Ich denke, das darf man getrost annehmen. Denn besteht nicht gerade das, was man die »Zivilisierung« des Homo sapiens nennt, aus der teilweisen Machtübernahme des Bewusstseins, das die unbewussten Prägungen aus frühen Zeiten in den Griff zu bekommen sucht?

Ein absoluter Freiheitsbegriff ist ebenso absurd wie unrealistisch. Natürlich sind die Gegenspieler *Bewusstsein* und *Unbewusstes* bei jedem Menschen anders gewichtet. Die Bandbreite reicht vom Triebtäter bis zum »buddhistisch« von jeglicher Gier befreiten Asketen. Die Wahrheit dürfte, statistisch gesehen, wie so oft in der Mitte liegen, Extreme von Freiheit und Unfreiheit nicht ausgeschlossen.

Und es darf wohl festgestellt werden, dass Bewusstsein und Bewusstheit des Menschen im Zuge der kulturellen Evolution von den »primitiven« Vorfahren in Richtung »Hochkultur« zugenommen haben und dass dieser Prozess noch lange nicht am Ende ist.

Homo sapiens auf dem Weg in die »Freiheit« bewusster, auf bewussten Wertvorstellungen gründender Entscheidungen – ist das ein reales oder utopisches Zukunftsprojekt?

Wasser in den Wein solch optimistischer Vorstellungen haben die Neurowissenschaften gegossen. Durch die Beobachtung der funktionalen Abläufe im Gehirn meinen sie, einen unweigerlichen Determinismus feststellen zu können.

Welche Rolle die bewussten Wertvorstellungen in diesen Abläufen spielen, welche Auswirkungen sie auf die Aktivität der Neuronen haben, dürfte jedoch nur schwer messbar sein.

Die Überzeugung derer, die die Willensfreiheit leugnen, wird konterkariert durch ihre Aufstellung ethischer Regeln, die immer mit einem Imperativ beginnen, also mit einem Appell an den Willen. Warum sollte ich diesem Appell folgen, mich für irgend etwas bewusst und willentlich entscheiden, wenn etwas in mir unterhalb meines Bewusstseins ohnehin mein Handeln bestimmt?

Wenn der Mensch in ethischen Entscheidungssituationen »nicht anders kann«, als es ihm sein Unbewusstes vorschreibt, dann sind alle moralischen Empfehlungen überflüssig bis sinnlos. Dann wäre z.B. auch der kantische Imperativ: »Verhalte dich so ...« illusorisch. Denn diese Formulierung setzt die Möglichkeit einer bewussten Entscheidung voraus.

Auch die Rede vom »selbstbestimmten Leben« wäre Makulatur, wenn dieses »bestimmende Selbst« irgendwo im Unbewussten verankert wäre. Und auch die Forderung »Bewusst leben!« kann nur Sinn machen, wenn das Bewusstsein in der täglichen Entscheidungsfindung eine Rolle spielt.

Ethische Empfehlungen, die letztlich an einem unbelehrbaren Unbewussten abprallen, was machen sie für einen Sinn? Dienen sie nur der Selbstvergewisserung jener Glücklichen, die per Zufall, per genetischer Prägung mit einem ethisch vorbildlichen Unbewussten ausgestattet sind? Bleibt dann mit Blick auf die ethisch »unter-« oder »fehlentwickelter« Mitmenschen nur noch der Versuch, durch ein »Bewusstseinstraining« – zynisch ausgedrückt, durch eine »Gehirnwäsche«, die bis ins Unbewusste wirksam wird – das Verhalten in die gewünschte Richtung zu lenken? Um dann doch eine Mitwirkung des Bewusstseins oder dessen, was wir »Gewissen« nennen, zu erreichen?

Mit dem Gewissen hat der Mensch wie alle Gruppentiere ein elementares Gedächtnis für Gut und Böse, für das, was ihm guttut oder schlecht bekommt. »Gewissen« und »Moral« werden gemeinhin in einem Zug genannt. Der vormenschlichen Natur wird mangels Bewusstseins und freien Willens gewöhnlich keine Moral zugestanden. Das instinktgeleitete, artgerechte, in gewisser Weise »moralische« Verhalten der Gruppentiere zählt nicht, obwohl es doch vermutlich der Ursprung des menschlichen Gewissens ist. Denn auch Tiere werden von ihren Eltern und Artgenossen zu art- oder gruppengerechtem Verhalten erzogen. Und sie »wissen«, wenn sie gegen die Regeln der Gruppe verstoßen. Die scharfe Trennlinie zwischen tierischer »Amoral« und menschlicher Moral dürfte fragwürdig sein.

Trotz dieser ursprünglichen Prägung gibt es bei den Menschen bekanntlich so viele Gewissen, wie es Menschen gibt. Die »Gewissensbildung« gilt als Teil der Erziehung. Die menschliche Psyche liegt laut Freud im permanenten Kampf der psychischen Dreifaltigkeit »Es«, »Ich« und »Über-Ich«. Wo Es ist, soll Ich werden, Unbewusstes soll Bewusstes werden. Und das Über-Ich repräsentiert die übernommenen Wertvorstellungen, das bewusste Gewissen.

Wer sich auf sein Gewissen beruft, dem wird jegliche Entscheidung zugestanden. Ist die Gewissensentscheidung eine willentlich bewusste oder willenlos unbewusste Entscheidung? In der allseits beschworenen »Gewissensfreiheit« schimmert fast so etwas wie Ehrfurcht durch, als sei das Gewissen eine absolute, göttliche Instanz, der unbedingt zu folgen sei.

Nur, die Hoffnung auf ein genetisch und per Erziehung ethisch einwandfrei programmiertes Entscheidungsinstrument ist trügerisch. Denn dieses Instrument Gewissen ist manipulierbar. Die Bandbreite reicht von einem Extrem zum anderen, von »überaus gewissenhaft« bis »gewissenlos«. Statistisch gesehen dürfte die Wahrheit auch hier in der Mitte liegen.

Das absolut gesetzte Entweder-Oder – entweder freier Wille oder unfreier Wille – wird der Wirklichkeit nicht gerecht. Auch bei diesem Streitpunkt macht sich der Kampf um »oberste Prinzipien« bemerkbar. Die Absolutsetzung des einen Pols ist der typisch monistische Deutungsversuch eines polaren Konflikts.

Der absolute Freiheitsbegriff ist insofern sinnlos, als wir uns natürlich immer im Kraftfeld von Motiven befinden. Jede bewusste Entscheidung ist mit Belohnung versprechenden oder Strafe androhenden Motivationen aus dem Unbewussten unterfüttert. Die Verbindung des Präfrontalen Cortex zum limbischen System als dem Motivator abzustreiten, ist absurd. Aber ebenso absurd bis fatalistisch ist es, jegliche Entscheidung nur dem Mandelkern zuzuschreiben.

Unter der Tatsache, dass wir immer von einer Motivation geleitet werden, könnte man die Willens- oder Entscheidungsfreiheit als »optische Täuschung« abtun. Wenn man aber Freiheit mit dem Spielraum des Bewusstseins assoziiert, dann lässt sich je nach individueller Bewusstseinsentwicklung ein gewisser Grad an Freiheit nicht abstreiten.

Es ist wie bei der »Bewegungsfreiheit«. Auch wenn sie von der Schwerkraft eingeschränkt ist, so sprechen wir doch von »Freiheit«, von einem gewissen Maß an Freiheit. Absolute Freiheit ist nur in der Leere eines Nichts denkbar, keine übermäßig attraktive Vorstellung. Dem gegenüber das unfreie Ich, an die Ketten eines absoluten Determinismus gelegt, einem despotischen Unbewussten unterworfen – auch das ist keine »humane«, menschlich attraktive Vorstellung. Wenn wir »Freiheit« mit absoluten Vorstellungen verknüpfen, können wir alle Begriffe von Freiheit aus dem Wörterbuch streichen.

Die beiden Pole *Freiheit* und *Unfreiheit* sind unerreichbare Grenzwerte. Sie bilden wie alle Polaritäten kreative Spannungsfelder. Unterschiedliche Abstufungen, Zwischenwerte sind gegeben. Die zunehmenden Freiheitsgrade innerhalb der Evolution – Stein, Pflanze, Tier, Mensch – dürften offensichtlich sein. Evolution bedeutet unter anderem die permanente Zunahme an »Spielraum«.

Der Mensch ist nicht auf die im Augenblick verhaftete, instinktive Entscheidung des Tieres beschränkt. Er kann innehalten, nachdenken, prüfen. Er hat die Chance der Folgenabwägung seines Tuns, den Vorteil eines ausgeweiteten Zeitraums, in dem er sich bewegen kann.

Sicher ist auch dem instinktiven Verhalten des Tieres eine gewisse unbewusste Folgenabwägung genetisch einprogrammiert, die Abgrenzung zum Verhalten des Menschen ist auch hier nicht so scharf. Aber ein gewisses Mehr an Spielraum sei dem Menschen »guten Gewissens« zugestanden.

Der zivilisierte Mensch sollte erkennen und wissen, was für ihn und die Gesellschaft gut und was böse ist. Statt des ursprünglich instinktgeleiteten, spontanen Verhaltens setzt die Zivilisation auf ein vom Bewusstsein kontrolliertes Verhalten. Dass auch diese Kontrolle nicht »absolut« funktioniert, ist dem polaren Weltbild selbstverständlich.

Das individuelle Mehr oder Weniger an bewusster Entscheidung oder Selbstkontrolle könnte man den »Hauch Freiheit« nennen, der den Menschen von der Bewertung als eines total determinierten Automatenwesens befreit, der ihn auch von seinen tierischen Vorfahren unterscheidet.

Für die säkularen Verfechter der Vernunft stellt sich übrigens die gleiche Frage nach der Freiheit: Ist die Vernunft wirklich »frei« oder womöglich »nur«

heimlicher Diener des Unbewussten? Schließlich sind auch beim Denken Motivationen, d.h. lenkende Kräfte, am Werk. Ist es deshalb unfrei?

Wäre das Denken nur Element eines deterministisch ablaufenden Räderwerks ohne Aussicht auf neue, aus dem Räderwerk ausbrechende Einsichten oder Perspektiven, könnte man auf es verzichten. Jegliche geistige Kreativität würde unter dem Diktat der Unfreiheit zu einer schalen Illusion verkommen.

Auch hier zeigt sich, Kreativität hat immer etwas mit einem »Spielraum« zu tun, spielen mit mehreren Möglichkeiten. Die Evolution macht es vor. Mutationen, das sind kreative, aus der vorhersehbaren, deterministischen Ordnung ausbrechende, gleichsam »chaotische« Ereignisse. Sie repräsentieren in der Evolution jenen »Hauch Freiheit«, der von Anbeginn Neuschöpfungen erst ermöglicht.

»Der Wille ist frei, die Gedanken sind frei ...« – sind diese Behauptungen oder Postulate pure Selbsttäuschung oder uneingeschränkte Tatsache? Weder, noch! Wir sollten uns allmählich von absoluten Vorstellungen, von dem berühmtem Schwarz-Weiß-Denken verabschieden und uns an die Zwischentöne, die Grautöne, gewöhnen. Dann haben unter anderem auch ethische Entwürfe und ein nach vorne gerichtetes, »offenes« Denken eine gewisse Chance.

Ethik – zwischen Natur und Übernatur

Die menschlichen Moralvorstellungen sind in ständiger Veränderung. Mal wechseln die Begründungen, mal die konkreten Regeln. Was gestern verboten, ein absolutes Tabu war, kann heute erlaubt sein. Es vollzieht sich also eine Evolution der Begründungen und der Inhalte. Wieder sind unterschiedliche Modelle im Widerstreit: eine Moral oder Ethik gründend auf göttlichen Geboten, auf der Vernunft oder auf der Natur.

Die evolutionär eingeprägte starre »Moral« der in Gruppen lebenden Tiere funktioniert bei Homo sapiens nicht mehr. Auf sein genetisches Gewissen ist kein Verlass. Durch das per Evolution stetig zunehmende menschliche Bewusstsein wurde es »aufgeweicht«, flexibel.

Die sich ständig verändernden Verhältnisse, der Wandel von den relativ kleinen Horden zu immer größeren Einheiten bis hin zur globalen Supergruppe Menschheit, verlangte immer wieder nach neuen Regeln. Je nach Zeitalter, Kultur und Weltbild entstanden so die unterschiedlichsten Moralvorstellungen.

Die jüdisch-christliche Religion begründet ihre Moral mit den göttlichen Geboten per »Offenbarung« im Alten Testament und, von Seiten des Christentums, mit dem Gebot der »Nächstenliebe« als krönendem Sahnehäubchen. Die unangreifbare Autorität ihres Gottes und seines Sohnes erzeugt einen moralischen Absolutismus. Erst seitdem dank historisch-kritischer Exegese die biblischen Offenbarungen als zeitbedingtes »Gotteswort in Menschenwort« relativiert werden, ist Bewegung in die christlichen Moralvorstellungen gekommen. Homosexualität z.B., im Alten Testament noch scharf verurteilt, wird nicht mehr als »Sünde« gebrandmarkt.

Die Vertreter des säkularen Weltbilds, die Humanisten, setzen auf die Vernunft, d.h. auf die funktionale Abwägung der Interessenkonflikte zum Gelingen einer Gemeinschaft. Die Unterschiede zwischen transzendental und säkular begründeter Moral oder Ethik sind jedoch nicht so gewaltig wie gemeinhin angenommen.

Die biblischen Zehn Gebote gelten allgemein als der große moralische Durchbruch in der Menschheitsgeschichte, obwohl sie doch nur die »Standardmoral« jeglicher, auch vor- und außerjüdischer Gesellschaft darstellen, wenn man einmal die Gebote zur Erhaltung des Kultes weglässt. »Nicht töten, nicht stehlen, nicht ehebrechen, kein falsches Zeugnis ablegen …« – auch wenn sie immer wieder von Seiten der Religion als deren Leistung beansprucht werden, diese Gebote kann man schwerlich als »unvernünftig« abtun.

Die Evolution der Ethik zeigt in Richtung Emanzipation von den vermeintlich göttlichen Geboten hin zu vernünftigen »Angeboten«, wie ein Humanist seine »Zehn Gebote« genannt hat. Parallel zur Säkularisierung des Gottesmythos findet die Säkularisierung der Ethik statt. Wer ist der Gegner, was ist das Konzept der jeweiligen Ethik oder Moral? Überwiegen die Unterschiede oder gibt es womöglich auch hier überraschende Ähnlichkeiten?

Beide Ethiken haben den gleichen Gegner, die »Erbsünde«, säkular gedeutet als die angelegte Versuchung zu unethischem Verhalten. Diese Versuchung können auch Humanisten schwerlich ableugnen. Beide Konzepte befinden sich also permanent im Konflikt mit der Natur des Menschen, mit dem Konkurrenz-, Sexual- und Aggressionstrieb im Dienste eines Ego, das bisweilen entgegen den vereinbarten Regeln für sich einen Vorteil sucht.

Merkwürdigerweise berufen sich die christlichen Moraltheologen neben den göttlichen Geboten auf das »Naturrecht«. Hat doch der Schöpfergott die Natur, das Wesen des Menschen so und nicht anders erschaffen. Die Humanisten hingegen sagen, man dürfe die Ethik »nicht aus der Natur herleiten«, mit Hinweis auf einige moralisch anrüchige Praktiken in der Tierwelt, wie »Vergewaltigung« und »Kindsmord«. Wer plädiert hier für die Natur, wer für die Übernatur?

Die Humanisten nennen sich zwar »Naturalisten«, schrecken aber vor einem konsequenten Naturalismus zurück. Warum diese Skepsis gegenüber der Natur? Und wenn sie die transzendentale Begründung ablehnen, woher, wenn nicht aus der Natur, wollen sie denn ihre Ethik ableiten? Aus der Vernunft? Ist diese von einem anderen Stern gefallen? Schwebt die Vernunft tatsächlich vollkommen frei *über* der Natur? Dann allerdings rückt sie in verdächtige Nähe zur »Übernatur«. Und selbst wenn man sie außerhalb oder jenseits der Natur verortet, kann sie den Kampf *gegen* die Natur tatsächlich gewinnen?

Vorstellungen, die den Menschen in die Nähe zu den in der Natur herrschenden Regeln rücken, werden sogar von den Anhängern der Evolutionstheorie als »Sozialdarwinismus« geächtet. Evolution ja, aber bitte nicht zu konkret und nicht zu nahe an Darwin! Es lässt sich nicht leugnen, neben der Sexualität in bunter Vielfalt bestimmt der Kampf um Rang, Macht und Privilegien in der Natur das Zusammenleben. Diese Antriebe sind »Naturkonstanten«, bei Gruppentieren abgeschwächt oder im Zaum gehalten durch den Kooperationstrieb, der gerade auch Homo sapiens zu seinem Erfolg verholfen hat.

Die Frage stellt sich: Sind diese »Naturkonstanten« womöglich auch »anthropologische Konstanten«? Und wenn ja, gilt dann noch die klare Abgrenzung des Menschen gegenüber der Natur und die damit assoziierte »Zweiklassenmoral« – hier der moralische Mensch, dort die Natur ohne oder jenseits aller Moral? Steht Homo sapiens, moralisch gesehen, tatsächlich »über der Natur«? Wie nahe darf der Entwurf einer Ethik an der Vergangenheit, an der »Moral« unserer Vorfahren bleiben? Wie viel Natur ist erlaubt? Bleibt Ethik immer nur der utopische Kampf *gegen* die Natur?

Die transzendental begründete Ethik sieht den Menschen deutlich abgegrenzt von der Natur, mit dem Auftrag, die quasi animalische, »niedere Natur« zu überwinden. Deshalb hat sie besonders den Sexual- und Aggressionstrieb, die Stolpersteine jeglicher Zivilisation, im Visier. Die säkularen Ethiker sind zwar in vielerlei Hinsicht, speziell auch in puncto Sexualität, großzügiger, da sie ja den »Hedonismus«, die Befriedigung aller Lüste, predigen. Aber auch sie hegen eine prinzipielle Skepsis gegenüber den Verhaltensregeln in der Natur.

Neben den unterschiedlichen Antworten auf die Frage: Was darf ich *nicht* tun?, neben den Verboten, ist der religiös und säkular begründeten Ethik eine alles überragende, positiv konnotierte ethische Botschaft gemein. Hier ist es das schwärmerische Gebot der »Nächstenliebe«, dort der etwas kühlere »kategorische Imperativ«. Beide Gebote, das eine auf die Macht der Liebe, das andere auf die Macht der Vernunft bauend, gelten als einfache Formel zur Lösung aller ethisch-moralischen Probleme.

So unterschiedlich die beiden Gebote oder Imperative auf den ersten Blick aussehen, so ähnlich sind sie in der Grundaussage. Das Gebot der Nächstenliebe wirkt emotionaler, es geht ja um »Liebe«. Der kategorische Imperativ wirkt nüchterner, rationaler, abstrakter. Doch was ist die Grundaussage der beiden Imperative? Das Gebot des Jesus »Liebe deinen Nächsten wie dich selbst!« fordert einen altruistischen Akt und relativiert ihn zugleich, indem er ihn mit der als selbstverständlich gedeuteten egoistischen Selbstliebe gleichsetzt: »... wie dich selbst!« Altruismus und Egoismus werden hier also gleichwertig zusammengedacht.

Der kategorische Imperativ stellt die emotional abgespeckte Version der christlichen Nächstenliebe dar: »Handle nur nach derjenigen Maxime, von der du zugleich wollen kannst, dass sie ein allgemeines Gesetz werde!«, was bedeutet, dass diese Art von Handlungen sowohl der Gemeinschaft als auch dem handelnden Individuum, also auch »dir« zugute kommt. Wo ist hier der Unterschied zur »goldenen Regel« des Jesus von Nazareth: „...wie ihr wollt, dass euch die Leute tun sollen, so tut ihnen auch!" (Lk 6,31) Auch hier die Verknüpfung von sozialem Handeln mit egoistischer Motivation.

Jesus oder Kant – ihre Gebote oder Imperative machen nur in der Begrifflichkeit einen Unterschied. Ethisch hat die Aufklärung nichts wirklich Neues gebracht. Die geforderten positiven Elemente des Verhaltens treten nur in unterschiedlichem Gewand auf. Während das Gebot des Jesus mehr den emotionalen Aspekt, die »Liebe«, die »Empathie« betont, setzt Kant mehr auf die Überzeugungskraft der Vernunft. Beide Konzepte haben den gleichen Schönheitsfehler. Beide machen die Rechnung »ohne den Wirt«, ohne die Natur.

Das Gebot der christlichen Nächstenliebe überfordert die menschliche Natur, insbesondere, wenn man den »Nächsten« unterschiedslos auf alle Menschen, also auch auf den »Fernsten« ausweitet. Die Empathie nimmt bekanntlich mit zunehmendem emotionalem und räumlichem Abstand ab. Man kann nicht alle Menschen lieben. Es wäre auch leichtsinnig bis gefährlich.

Die Steigerung der Nächstenliebe zur Feindesliebe verrät denn auch jenen Moralisten Jesus als einen aggressionsgehemmten Hyperempathiker mit einer in Ansätzen lebensgefährlichen Botschaft. Denn zum Überleben gehört neben der Empathie für andere auch der vom Aggressionstrieb gesteuerte Wille zur Selbstabgrenzung, zur Selbstbehauptung.

Grenzenlose Empathie bis hin zur pazifistischen Feindesliebe ist etwas für heilige Narren, mit ihr ist »kein Staat zu machen«. Deshalb wurde sie auch von der Institution Kirche mit Bezug auf das »Naturrecht der Selbstverteidigung« praktisch aufgegeben.

Die christliche Nächstenliebe ist nur zu retten, indem man sie auf eine relativ neutrale, provisorische Wohlgesonnenheit gegenüber dem Nächsten reduziert oder banalisiert. In der konkreten Situation differenziert sie sich nur zu oft in äußerst gegensätzliche Gefühle, von der Sympathie bis zur Antipathie, von der Bewunderung bis zur Verachtung, von der Liebe bis zum Hass. Damit verliert sie jedoch ihren ursprünglichen Sinn, ihren schwärmerischen Glanz. Auf ihn möchte keine Ethik verzichten. Selbst die Säkularen mit ihrer Betonung der Vernunft schwärmen bisweilen vom »Wunder der Empathie«.

Auch der kategorische Imperativ als allgemeine und allumfassende Handlungsanweisung gerät in Widerspruch zur menschlichen Natur. Er macht nur Sinn mit Blick auf das, was man *nicht* tun sollte, auf die klassischen Verbote, nicht zu lügen, nicht zu stehlen, nicht zu töten … So gesehen ist er nicht weit von den biblischen Zehn Geboten entfernt. Als positiv formuliertes Gebot oder Handlungsanweisung funktioniert er jedoch nicht.

Das Mit- und Gegeneinander, z.B. der natürlichen Gegenspieler »Konkurrenztrieb« und »Kooperationsbereitschaft«, die ja zu einem Großteil das ethische Verhalten bestimmen, lässt sich nicht auf einen einfachen, gemeinsamen Nenner bringen. Diese Antriebe sind, wie alle Antriebe, in jedem Individuum unterschiedlich ausgeprägt.

Dem Willen zur Macht, oder in abgeschwächter Form, dem Streben nach Rang und Privilegien bei dem einen, steht die Bereitschaft des anderen zur Selbstunterwerfung, zu selbstlosem Verzicht und Bescheidenheit gegenüber. Beide werden also nach gegensätzlichen »Maximen« handeln, die man nicht zu einem »allgemeinen Gesetz« oder einer Norm erheben kann.

Das dem kategorischen Imperativ ähnliche utilitaristische Grundprinzip: »Handle so, dass die Folgen deiner Handlung bzw. Handlungsregeln für das Wohlergehen aller Betroffenen optimal sind«, kommt, ähnlich der humanistischen Idee des »fairen Ausgleichs der Interessenkonflikte«, nicht um das Problem der »ungerechten«, für das »Wohlergehen aller Betroffenen« gewiss nicht »optimalen« *Ungleichheit* herum.

Der angestrebte »faire Ausgleich« in dem Sinne, dass z.B. der Kaffeebohnenpflücker gegenüber dem Kaffeebaron, oder auf unsere Welt übertragen, dass der Industriearbeiter gegenüber dem Unternehmer oder Manager nicht im Nachteil ist, kann das grundlegende, in der Natur angelegte Problem, die »unfaire« Ungleichheit, nicht wirklich lösen, bestenfalls nur abmildern.

Diese Welt ist nicht auf Gleichheit und Gerechtigkeit gegründet. Zum einen gibt es in der Natur dank unterschiedlicher Begabungen und äußerer Umstände keine Gleichheit. Zum andern, wer will das wirklich, »Gleichheit«? Wer freut sich nicht, wenn es ihm besser als dem Nachbarn geht, wenn er ein komfortableres Auto, ein schöneres Haus oder einen besser bezahlten Job hat? Ohne den Konkurrenztrieb als Mitverursacher von Ungleichheit entstünde bei Mensch und Natur lähmender Stillstand.

»Mit den Unterschieden leben« – die meisten Menschen haben das aus einer instinktiv realistischen Sicht der Dinge gelernt. Wäre dem nicht so, es würde auf unserem Planeten von Empörten, Verzweifelten und Revolutionären nur so wimmeln.

Die Philosophen bemühen sich seit jeher, Idealvorstellungen über das richtige, gute, ethisch korrekte Leben zu entwerfen. Machen solche Angebote oder Imperative überhaupt Sinn? Allgemeingültige Ethiken, womöglich auf Idealvorstellungen aufbauend, haben keine Chance auf Verwirklichung. Die Natur liebt nicht Ideale, sie wehrt sich standhaft dagegen. Ideale widersprechen ihrer polaren Struktur. Sie sind, ähnlich den Paradiesversprechen, gut gemeinte, aber hoffnungslos utopische Projekte.

Zudem haben diese Konzepte etwas Nivellierendes. Den Menschen als Standardtyp gibt es nicht. Das durch Gene und Geschichte geprägte Individuum sucht sich quasi instinktiv und kaum beeinflussbar aus, was ihm »gut« oder »schlecht« erscheint.

Die Lebenserwartungen und -entwürfe haben sich in modernen Kulturen so weit auseinander differenziert, dass es sinnlos erscheint, allgemeingültige Ideale zu entwerfen. Ethiker oder Moralisten, die solches unverzagt und beharrlich versuchen, merken nicht, dass sie der Versuchung zur Selbstidolisierung erliegen. Was für sie gilt, soll für alle gelten.

Statt utopischer Individualmoral ist eine Gesellschaftsmoral gefordert, die jeweils festlegt, was erlaubt und was verboten ist. In einem säkular geprägten Bürgerlichen Gesetzbuch spielen die von den Religionen vorgeschriebenen moralischen Regeln oder Tabus, was z.B. die Sexualmoral betrifft, keine Rolle mehr. Wie es der Einzelne mit der ehelichen Treue hält, bleibt ihm überlassen. Verstöße sind nicht strafbar. Nicht die wie auch immer ausgerichtete Moral oder Ethik des Individuums steht im Vordergrund, sondern das Funktionieren der Gesellschaft. Es ist eine eher »funktionale«, denn »wertende« Moral.

Ob man nun die biblischen Zehn Gebote oder das Bürgerliche Gesetzbuch bemüht, die Regeln des gesellschaftlichen Zusammenlebens werden sich, um Erfolg zu haben, nahe an der Natur des Menschen orientieren müssen.

Die Verabsolutierung der positiven Elemente, z.B. der Empathie, verbunden mit der Verteufelung des scheinbar negativen Gegenpols, des Aggressionstriebs, macht keinen Sinn. Denn neben den bekannten, meist betonten destruktiven Verhaltensmustern begründet »Aggression« sowohl die lebensnotwendige Selbstbehauptung als auch das »Herangehen« an ein Projekt, also jegliche positive Aktivität.

Und, am Beispiel Vernunft – was wäre ein Leben unter dem Diktat der Vernunft, ohne Ausflüge in die Gefilde der Unvernunft? Es wäre der sichere Weg in die Depression. Es widerspräche übrigens auch dem von den Humanisten gepredigten Hedonismus und dessen Motto: »Lass deinen Lüsten freien Lauf!«. Die

Lüste orientieren sich bekanntlich nicht unbedingt an der Vernunft.

Die erste Voraussetzung aller Ethik dürfte das Verstehen des Universums, seiner polaren Struktur, seiner Möglichkeiten, seiner Unmöglichkeiten sein. Auch die Ethik befindet sich in von der Natur vorgegebenen polaren Spannungsfeldern wie z.B. »Konkurrenz und Kooperation«, »Empathie und Selbstabgrenzung«, »Egoismus und Altruismus, »Vernunft und Unvernunft«.

Mit der geforderten ethischen Überwindung oder Abschaffung dieser Polaritäten einher geht gewöhnlich auch die Tabuisierung der scheinbar negativen Gefühle wie Abneigung, Verachtung, Neid, Hass, Wut, Rachegefühle ... Statt der natürlichen kontrastierenden Klaviatur bevorzugt man eine wohltemperierte, geradezu kastrierte Gefühlsskala, gleichsam trunken von Empathie und Nächstenliebe. Ob man mit dieser Art Wohlfühlethik dem »Humanum«, dem Menschlichen, gerecht wird, darf bezweifelt werden.

Führt diese emotionale Reduktion oder Verharmlosung, wie vielleicht erhofft, tatsächlich zu einer weiteren zivilisatorischen Zähmung des Menschen? Oder provoziert sie womöglich die heimliche Wiederkehr des Verdrängten, Tabuisierten? In der Kunst jedenfalls werden die tabuisierten Emotionen geradezu emphatisch zelebriert. Und die Hasstiraden in den sozialen Medien lassen vermuten, dass hier das Ventil für einen Überdruck entstanden ist.

Auch in puncto Ethik gilt wie in allen Bereichen des Lebens: Optimierung bedeutet nicht die Verabsolutierung einzelner positiver Aspekte auf Kosten ihrer scheinbar negativen Gegenpole. Die ethisch-moralische Zähmung der natürlichen »anthropologischen

Konstanten« kann nur in der Relativierung ihrer Konfliktpotentiale auf ein sozial verträgliches Maß bestehen.

Ethische Tendenzen – die neuen Sünden

In welche Richtung entwickeln sich Ethik und Moral, welche Tendenzen deuten sich an? Die Moral oder Ethik der Säkularen unterscheidet sich in vielen Punkten kaum mehr von der christlichen, die von den modernen Glaubensvertretern meist auf Sozialverhalten, Friedensappelle und »Bewahrung der Schöpfung«, sprich Umweltschutz, reduziert wird.

Immer noch schwer tut sich die christliche Ethik mit der Sexualmoral. Denn Sexualität lenkt ja wie alle sinnlichen Genüsse als elementare »Fessel an das Diesseits« das Interesse von dem »übersinnlichen« Jenseits ab. Sie wird denn auch nur unter dem spröden Vorbehalt der Fortpflanzung innerhalb der Ehe geduldet.

Die säkulare Ethik dagegen erlaubt jegliche »sexuelle Orientierung« als »natürlich« und »normal«. Sexualität also als hedonistischer Lustfaktor, endgültig befreit von ihrer ursprünglichen Funktion.

Doch auch mit solch moralisch befreienden Bemühungen laufen die Säkularen ins Leere. Denn »aufgeklärte« Christen leiden nicht mehr wie in früheren Zeiten unter der Last einer rigiden Moral. Sie halten sich schon lange nicht mehr an die Sexualmoral ihrer Kirche. Als fröhliche Konsumenten frönen sie allen diesseitigen Genüssen. Ihr Sündenbewusstsein und schlechtes Gewissen sind auf ein Minimum geschrumpft.

Die ehemals in Zeiten extremer Ungerechtigkeit betörende Hoffnung auf die ausgleichende Gerechtigkeit per Jüngstem Gericht spielt ebenso wie die Angst vor der Hölle im Bewusstsein dieser Gläubigen keine Rolle mehr. Sie setzen auf Glück, Gerechtigkeit, auf Lohn und Strafe im Hier und Jetzt. Das Sündenbekenntnis »zur Vergebung der Sünden« findet nicht mehr statt. Die einstmals gefürchteten Beichtstühle bleiben leer.

Ist also Homo sapiens, nachdem er sich von der transzendentalen höchstrichterlichen Instanz im Jenseits befreit hat, »freier« geworden? Oder gibt es moralische Ketten ganz anderer Art? Nach dem moralischen Druck und den Drohungen der religiösen Eliten – wer sind die neuen Moralisten, was sind die neuen Moralkeulen, was die neuen Sünden? Bleibt womöglich die traditionelle Kultur des schlechten Gewissens auch nach der Befreiung von der Angst vor Bestrafung im Jenseits bestehen?

Neue Themen, das Individuum und die Gattung Homo sapiens betreffend, haben zu einer Neuausrichtung der Ethik geführt. Nicht mehr die Übertretung göttlicher Gebote oder unsoziales Verhalten stehen im Mittelpunkt, sondern die Sünden wider die Gesundheit, die Umwelt und das Klima. Sie sorgen fortan für das schlechte Gewissen des anscheinend doch »erbsündigen« Menschen.

Der Mensch wird weiterhin als Übeltäter gesehen, der sich gegen seinen Körper versündigt und den Planeten Erde zugrunde richtet. Hinter der Sorge um die Gesundheit, hinter dem Mitleid mit der Natur und dem Planeten Erde steht natürlich die Ahnung, dass gesundheits- und umweltschädliches Verhalten sich selbst bestrafen.

Nicht mehr die Angst vor einem jenseitigen Richter, sondern die ängstliche Sorge um das eigene Ego und das Überleben der Menschheit ist die eigentliche Motivation für moralisches Verhalten. Statt des ehemals »theozentrischen« jetzt also ein »ego-« und »anthropozentrisches« schlechtes Gewissen – auch dies eine weitere Variante des unaufhaltsam fortschreitenden Säkularisierungsprozesses.

Das zweite große Thema zum Komplex »Sünde« und »schlechtes Gewissen« ergibt sich aus der Aneignung des Gottesmythos. Homo sapiens, diese träumende, forschende, grenzüberschreitende Spezies, bewegt sich tatsächlich in Richtung Gottähnlichkeit.

Nicht nur der mythische Auftrag »Macht euch die Erde untertan!«, der aus Sicht vieler Ethiker zu einer Hybris geführt hat, obwohl er doch nur die naturgegebene Dominanz des Menschen beschreibt und die Vorausahnung des »Anthropozäns« ist – mehr noch, das mythische Versprechen Satans »Ihr werdet sein wie Gott!« verführt und verunsichert zugleich den Modernen. Er schwankt zwischen Faszination und Tabuängsten.

Wie also umgehen mit den nahezu göttlichen Potentialen? Weiterschreiten oder anhalten? Wo sind die Grenzen? Wie z.B. umgehen mit der Genetik, dem Erschaffen und Korrigieren von Lebewesen? Darf man aus Sicht der Religion dem Schöpfer ins Handwerk pfuschen?

Ist womöglich doch heimliche Ehrfurcht vor der »Schöpfung« angesagt? Ist sie etwas Heiliges, Unantastbares? Gibt es eine rote Linie, die nicht ungestraft überschritten wird? Darf der Mensch seine Potentiale voll ausschöpfen? Auch säkulare Ethiker kommen über diesen Fragen ins Grübeln.

Diese ethische Verunsicherung wirkt bis in die Politik hinein. Bei der Gesetzgebung wird in speziellen Problemfällen wie Gentechnik, Abtreibung, Leihmutterschaft, Sterbehilfe … ein »Ethikrat« hinzugezogen, zusammengesetzt aus Vertretern der unterschiedlichen Fraktionen. Und den Parlamentariern gesteht man bei solchen Grenzfragen ausdrücklich die Gewissensentscheidung zu. Entsprechend unterschiedlich fallen die Entscheidungen aus. Denn auf diesen Problemfeldern stoßen religiöse und säkulare Weltbilder unversöhnlich aufeinander.

Der anmaßende »Hochmut« der Genetiker, die »unnatürliche« Zeugung eines Embryos per künstlicher Befruchtung und dessen Austragung in einer fremden Ersatzmutter, das »selbstbestimmte« Sterben und der damit verbundene »ehrfurchtslose« Umgang mit dem »Geschenk des Lebens« – das alles ruft den Widerspruch der christlichen Kirchen hervor, die sich zugleich auf ein »göttliches Recht« und ein »Naturrecht« berufen.

In der Natur sind, so ihre Argumentation, all diese Möglichkeiten nicht vorgesehen. In der Natur wird nicht abgetrieben, es gibt keine Selbsttötung, keine Empfängnisverhütung, ganz zu schweigen von künstlicher Befruchtung oder Leihmutterschaft.

Diese Fakten müssten eigentlich auch säkulare, konsequente »Naturalisten« nachdenklich stimmen. Was darf der Mensch neu und anders machen als die Natur?

Den Kritikern des nach ihrer Ansicht »tabu-« und »pietätlosen« Fortschritts kann man aber auch die Gegenfrage stellen: Ist die Natur tatsächlich so konservativ, wurde ihr von ihrem Schöpfer nach dem sechsten Schöpfungstag Stillstand verordnet in dem Sinne eines »Jetzt ist es genug!«? Oder zeigt sie im Gegensatz dazu nicht eine geradezu hemmungslose Experimentierlust, die zu kreativen Neuschöpfungen führt?

Was ist möglich, was ist unmöglich? Und wenn etwas machbar ist, darf man es machen? Das schlechte Gewissen schleicht sich ein auf dem Weg zum Gottsein. Hier die vermeintlich unantastbare Schöpfung, dort die Evolution, die keine Hemmungen hatte, Stufe um Stufe höher zu steigen, den menschlichen Geist zu kreieren und damit dem Homo sapiens ein Potential zu geben, das verwirklicht werden will. Denn Potentiale implizieren gewissermaßen den Auftrag, sie zu verwirklichen.

Wenn die Natur oder ein Schöpfergott dem Menschen diese Potentiale gegeben hat, was spricht dann gegen deren Verwirklichung?

Vielleicht sollte man bei der Beurteilung der Fortschrittsprojekte statt jener mythischen Angst und Ehrfurcht die altmodische Tugend Klugheit aktivieren, welche die möglichen Folgen des eigenen Tuns mit in den Fokus nimmt.

Es darf vermutet werden, was machbar ist, wird gemacht werden. Und nach dem Trial-and-Error-Prinzip der Evolution wird begünstigt, was gelingt, und ausgeschieden, was erfolglos ist. Die Fortschrittsgeschichte des Menschen besteht, gerade auch was die Medizin betrifft, aus permanenten Grenzüberschreitungen, Tabubrüchen. Darin gleicht sie der Evolution, *ist* sie Evolution.

Ob diese Geschichte in einem grandiosen Finale furioso oder einer apokalyptischen Katastrophe endet, ist schwer abzuschätzen. Eines nur dürfte sicher sein, unendlich wird sie nicht fortdauern.

Ethik und Geschichte

Den Homo sapiens gibt es noch. Er hat sich überaus erfolgreich vermehrt und könnte sich auf dem Weg zu »sapiens« befinden, zu einem wissenden, bewussten, klugen Artverhalten. Er kann also trotz vielerlei Katastrophen nicht alles falsch gemacht haben. Irgendwie scheint er sich immer zwischen Wunsch und Wirklichkeit, zwischen utopischen und realistischen Lösungsversuchen zu bewegen.

Bei all dem Fortschritt, es stellt sich die Frage: Gibt es in der Evolution des Lebens auch einen ethischen Fortschritt? Innerhalb der vormenschlichen Natur ist er nicht feststellbar. Die höheren Lebewesen sind »moralisch« nicht besser als die niederen. Täuschung, Tarnung, Hinterlist, Schmarotzertum, Sklaverei, sexuelle Lüsternheit in jeglicher Variation … – die Bandbreite der pflanzlichen und tierischen »Unmoral« ist erstaunlich und erschreckend zugleich. Und bei der Betrachtung menschlichen Verhaltens ist man versucht festzustellen, dass sich dieses nicht wirklich, oft nur durch eine differenziertere, manchmal sublimere oder auch exzessivere Form vom Verhalten unserer tierischen Vorfahren unterscheidet. Alle moralisch fragwürdigen Techniken und Taktiken der belebten Natur finden sich auch in der Menschenwelt wieder. Auch hier scheint sich zu bestätigen, der Mensch »ist« Natur.

Waren und sind die beiden Ethikvarianten, die transzendental begründete und die säkulare, erfolgreich in ihrem Kampf gegen die Natur? Wurde Homo sapiens aufgrund der Evolution seiner Ethik moralisch besser? Nähert er sich den von den Utopisten geforderten oder gewünschten Zielen?

Die historische Wirklichkeit sieht anders aus. Weder individuell, von den relativ harmlosen moralischen Vergehen bis zu den extremen Varianten des organisierten Verbrechens, noch überindividuell, was die Völker oder Nationen betrifft – es zeigt sich kein Silberstreif am Horizont, der auf eine moralische Besserung von Homo sapiens im Lauf der Geschichte hindeutet. Alles, was Unmoral oder unethisches Verhalten ausmacht, ist nach wie vor fröhlich am Werk.

Hinzu kommt, die Visionäre – von den Propheten bis zu den Ethikern oder Moralisten – sind das eine, die Vollstrecker, die Eliten des Mythos und der Macht, sind das andere. Die Moral wurde von den Eliten immer als Macht- und Unterdrückungsmittel instrumentalisiert. Je höher die geforderte Moral, desto drückender das schlechte Gewissen, desto gefügiger die Gläubigen oder Untertanen, die sich unerfüllbaren Forderungen gegenüber sehen. Die christliche Moral mit ihrem umfangreichen Sündenkatalog trägt sicher nicht zu unbekümmerter, selbstbewusster Lebensfreude bei. Denn der Sünder ist immer ein »Unterjochter«, ein an sich selbst, an seinem Gewissen Leidender. Das spielt den Mächtigen in die Hände.

Macht bewegt sich immer zwischen Verführung und Gewalt, zwischen Himmel- und Höllenpredigten. Drohende Strafen erzeugen Angst und Kleinmut, lockende Paradiese halten das Fußvolk bei der Stange.

Gewöhnlich wird die gepredigte Moral von den Institutionen und deren Eliten pervertiert. Bestes und zugleich klassisches Beispiel stellt die katholische Kirche im Bündnis mit den jeweiligen Herrschern dar. In ihrer Blütezeit pervertierten die Kirchenoberen bis hinauf zu den Päpsten skrupellos die gepredigte Moral, derweil sie den Gläubigen mit der Hölle drohten. Prunk- und Genusssucht, Mätressenwesen, feudalistische Ausbeutung, Kreuzzüge, Glaubenskriege ... – die Liste der moralischen Verfehlungen ließe sich unendlich weiterführen. Sie beweist, die Lehre des Jesus inklusive seiner Moral hat die Geschichte des »christlichen Abendlandes« gewiss nicht geprägt.

Mit Blick auf die Geschichte der »aufgeklärten« Neuzeit und deren Ethikideale sieht es nicht besser aus. Der Sieg der Vernunft blieb ebenso wie der Sieg der christlichen Nächsten- und Feindesliebe aus. Die zwei Weltkriege stellen die historischen Höhepunkte des beidseitigen Versagens dar. Weder das »christliche« noch das »aufgeklärte« Abendland hat sich den eigenen Ansprüchen gemäß moralisch bewährt. Es wurde weder zu einem Hort der Nächstenliebe noch zu einem Hort des kantischen »ewigen Friedens«.

Seine Geschichte hat die gepredigte hochstehende Moral konterkariert. Und trotz der »Allgemeinen Erklärung der Menschenrechte« und allerlei Konventionen geht Geschichte weltweit im gewohnten Stil weiter. Ob göttliche Gebote oder Appelle an die Vernunft, beiden Konzepten gelingt es offensichtlich nicht, die Welt ethisch-moralisch zu befrieden.

Das moralische Versagen in allen Kulturen, auf allen Kontinenten lag sicher nicht an der überwiegenden Mehrheit der Menschen. Sie bewegen sich gewöhnlich ethisch-moralisch auf einem relativ positiven, »mittleren Niveau«. Die Übeltäter, vom Kleinkriminellen bis zu den organisierten Verbrecherbanden, sind zum Glück in der Minderheit. Es waren und sind die sogenannten Eliten, die die großen Katastrophen verursachten, indem sie, von ihren Machtgelüsten getrieben, ihre Anhänger oder Völker durch Verführung oder Zwang ins Verderben führten.

Und wieder schleicht sich die Ahnung ein, Kulturgeschichte sei nur Naturgeschichte auf höherem, exzessiverem Niveau, die Menschenwelt sei nicht wirklich von der übrigen Welt zu trennen. Der eigentliche Grund des historischen Scheiterns utopischer Moral oder Ethik sei der Sieg der Natur über die gepredigte oder erhoffte Übernatur.

Man muss sich darüber nicht freuen, man wird jedoch nicht umhinkommen, diese Tatsache zu akzeptieren. Noch ist es nicht gelungen, den »neuen Menschen« oder »das Reich Gottes auf Erden« zu schaffen. Es sei nicht abgestritten, dass bei einzelnen Individuen an den Rändern der ethischen Bandbreite erstaunlich »übernatürliche«, altruistische, wie auch auf der Gegenseite alle möglichen skrupellos egoistischen Varianten vorkommen. Diese Extreme sind, wie alle Extreme, der Polarität des Seins geschuldet, die zwar statistisch gesehen immer die Mitte bevorzugt, die aber auch diese Mitte nicht zum goldenen, einzig wahren Standard kürt. Sie lässt alle Arten von Abstufungen zu.

Wie könnte eine erfolgreiche Ethik aussehen, wenn man »Erfolg« nicht naiv mit dem Sieg des »Guten« über das echte oder vermeintlich »Böse« gleichsetzt? Was könnte die meta-utopische Alternative zur monistisch-utopischen Ethik sein?

Auch hier gilt es, Abschied vom Absoluten zu nehmen, Abschied von einem absoluten Freiheitsoder Unfreiheitsbegriff, Abschied von der verführerischen Verabsolutierung einzelner, positiv erscheinender Aspekte wie z.B. der christlichen Nächstenliebe oder der Empathie, Abschied vom Glauben an den Sieg der Vernunft, an den Sieg des Guten, Schönen, Wahren ...

Die Voraussetzung einer Ethik jenseits unerreichbarer Ideale ist die unvoreingenommene Auseinandersetzung mit der Natur des Menschen. Was fördert, was verhindert das gelingende Zusammenspiel von Individuum und Gesellschaft, von Nationen und der Weltgemeinschaft, von Mensch und Natur?

Ob Sozial-, Friedens- oder Umweltethik, sie alle stehen, das hat man wohl begriffen, unter dem Zeichen der Selbstrelativierung – des Individuums, der eigenen Gruppe, der Menschheit – gegenüber ihren jeweiligen Gegenspielern. Es gilt, eine Balance zu finden zwischen den antagonistischen und zugleich komplementären Polen. Scheinbar »ideale« Ethikentwürfe, die gewollt oder ungewollt dem Absoluten huldigen, bleiben wahrhaft »utopische« Projekte.

Ausblick

Wettstreit der Weltbilder

Was geschieht an der Utopie-Front? Der »Mangel an Visionen« wird beklagt. Herrscht eine allgemeine geistige Ermüdung, Ernüchterung oder Phantasielosigkeit? Wohin führt die kulturelle Evolution, welche Möglichkeiten lässt das Potential des Homo sapiens zu?

Wie sieht ein möglicher evolutionärer Fortschritt im Sinne von kreativen Neuschöpfungen und deren Optimierung aus? Die Zukunftspropheten schwanken zwischen Euphorie und Pessimismus, zwischen Halleluja und Kassandrarufen. Gelingen oder Scheitern – beides ist in einer polaren Welt möglich. Noch ist alles offen.

Wie sieht eine realistische Perspektive aus und welche Chance zur Verwirklichung hat sie? Geht die Geschichte über geistige Auseinandersetzung, über den Wandel der Weltbilder, oder unreflektiert, quasi wie von selbst weiter? Sind die »Vordenker« womöglich nur »Hinterherdenker« dessen, was sich an Neuem entwickelt?

Bleibt Homo sapiens im kindlich mythischen Wünschen und Hoffen verfangen, wann verabschiedet er sich von dem Glauben an Heilsutopien? Wird die hochgelobte Aufklärung bei der Mehrzahl der Menschen jemals wirksam werden oder bleibt sie nur die Selbstvergewisserung einer reflektierenden Elite?

Die weltanschaulichen Frontlinien verlaufen sowohl interreligiös als auch zwischen religiösen und säkularen Weltbildern. Die monotheistischen Religio-

80

nen befinden sich in der Erosion. Sie wehren sich standhaft gegen ihren zunehmenden Bedeutungsverlust. Ihre Entzauberung findet per historisch-kritischer Textanalyse und schleichender Säkularisierung statt. Oft ist es eine unreflektierte Abkehr der Gläubigen vom Jenseits und die Hinwendung zum Diesseits.

In der Vorstellungswelt der »aufgeklärten«, »säkularen« Christen, Juden oder Muslime existiert das Jenseitsparadies nur noch als vage Zukunftsperspektive, als Plan B im Hintergrund. Man könnte diese Entwicklung den unspektakulären, »natürlichen Tod«, das »leise Sterben« einer Utopie nennen.

Zudem findet eine Zersplitterung der Religionen statt. Allerlei »spirituelle Welten« bieten sich als Ersatz für die klassischen Religionen an. Es sind relativ harmlose Versuche, der Banalität des materialistisch orientierten Lebens als Konsum- und Leistungsbürger in »höhere Dimensionen« zu entfliehen.

In Zeiten des verabsolutierten Ego haben individuelle Konstrukte unter den Zauberworten »Esoterik« und »Spiritualität« Hochkonjunktur. Daneben entstehen im Abwehrkampf gegen die Auflösungserscheinungen der Religion fundamentalistische, »evangelikale« Bewegungen bis hin zu terroristischen Varianten.

Die säkularen humanistischen Gegenentwürfe wirken mit ihrem akademischen Touch elitär, leicht altertümelnd, für das gemeine Volk nicht gerade attraktiv. Das Leben und die Gesellschaft »human« gestalten, ja! – aber »humanistisch«? Alle Ismen haben den Ruch der Ideologie. Und der Versuch der Humanisten, die gleichen Privilegien zu erhalten wie die Religionen, stärkt nicht ihre Glaubwürdigkeit. Die von ihnen postulierte Trennung von Kirche und Staat sollte doch wohl für *alle* Weltanschauungsgemeinschaften gelten. Zudem geht ihre Predigt des Hedonismus an der Lebenswirklichkeit der vermutlich meisten Menschen auf diesem Globus vorbei, verlockend nur für Menschen auf den Inseln der Glückseligen, des gehobenen Lebensstandards.

Für die Masse der chancenlosen, unterprivilegierten oder in äußerster Bescheidenheit lebenden Erdenbürger bleiben die transzendentalen Weltbilder mit ihren phantastischen Zukunftsversprechen attraktiver, zumal wenn sie, wie es bei evangelikalen Varianten zu beobachten ist, neben der ewigen Glückseligkeit im Jenseits auch noch Glück und Reichtum im Diesseits versprechen.

Reflektierte, ausformulierte Weltbilder gleich welcher Art scheinen an Bedeutung zu verlieren. Läutet dies womöglich das Ende von Weltanschauungsgemeinschaften ein? Bezieht der Mensch von morgen seine Identität nicht mehr aus einem dezidierten Glauben und der Zugehörigkeit zu einer Glaubensgemeinschaft? Wird er seine Probleme womöglich »sachgerecht«, nicht mehr »glaubensgerecht« lösen?

Und was bedeutet »Aufklärung«, das »Wage zu denken, wage kritisch zu hinterfragen!« heute? Müssten die Objekte der Aufklärung neben der Religion nicht längst auch die säkularen Heilsbotschaften sein? Wäre nach und neben der Religionskritik nicht eine Kapitalismuskritik angesagt? Der Kampf der ökonomischen Ideologien dürfte ja zugunsten des Kapitalismus entschieden sein. Er hat die Trias jeder Utopie »Notstand, Paradies und Moral« neu definiert.

Die Welt deutet er schlicht als »Marktgeschehen«, als »Weltmarkt«. Die Selbstdefinition des Modernen reduziert sich denn auch marktgerecht auf die Funktionen »Konsument« und »Leistungsbürger«. Seine Paradiese sind die »Einkaufs-« und »Freizeitparadiese«, seine Moral ist die »Leistungsmoral«.

Selbstbewusstsein, Prestige und Identität bezieht er aus den »Marken«, die er sich leisten kann. Der ehemals kritisch beurteilte »Konsumzwang« ist zur allseits erwünschten »Konsumlaune« mutiert. Das karrierebewusste Ich wird gegenüber dem Wir schamlos favorisiert. Die Finanzmärkte und Konzerne frönen einer grenzenlosen Gier.

Kein Bereich des Lebens entgeht der Vermarktung. Die Verführungsmechanismen des Marktes sind an Raffinesse kaum zu überbieten. »Wohlstand« wird gleichgesetzt mit »Wachstum«, der harmlosen Formulierung für die Verabsolutierung des Mehr-und-immer-Mehr – eine moderne Variante der utopischen Unendlichkeitsphantasien.

Die vielzitierte »Wiederkehr der Religion« könnte man als Antwort auf den platten Materialismus dieser ökonomischen Ideologie sehen. Bei aller aufklärerischen Kritik gegenüber der Religion, die Humanisten üben sich in einer merkwürdigen Zurückhaltung gegenüber der Marktideologie – verständlich, da sie ja den Eigennutz und Hedonismus, die Grundelemente des Kapitalismus, als »oberste Prinzipien« predigen. Um dennoch dem Verdacht materialistischer Gesinnung zu entkommen, schimmert bei manchen Humanisten eine Anbiederung an spirituelle Ideale, an esoterisch-mystische Vorstellungen durch.

Die Identitätsfrage

Wie sieht es mit den politischen Utopien aus? Was passiert mit den hehren Konzepten von »Demokratie und Menschenrechten«? Existiert in den Köpfen der Politiker noch so etwas wie die »Weltgemeinschaft«? Oder weichen die guten Vorsätze, die man nach der Erschütterung durch die beiden Weltkriege fasste, den alten, »eingefleischten« nationalistischen Mechanismen? Bleibt die Erde für immer eine Arena argwöhnisch oder feindlich gesinnter Nationen, unerbittlich konkurrierender Weltmächte im Kampf um den Führungsanspruch?

In allen Bereichen, ob religiös, politisch, ökonomisch oder sozial, immer geht es auch um Macht oder Vormacht, eine Folge der unvermeidlichen polaren Struktur »Unten« und »Oben«. Sämtliche Konflikte werden angefeuert durch das klassische Machtstreben der Eliten.

Begünstigt wird dieses Machtstreben durch die unausrottbare Unterwerfungslust des kleinen Mannes gegenüber dem »Silberrücken«. Sein Bedürfnis nach Identifikation mit seinen Anführern ist ein Erbe der Evolution aus Zeiten der Hominiden. Anders ist die Bewunderung der Päpste, Monarchen, Präsidenten nicht zu erklären. Niemand stört sich daran, wenn z.B. Monarchie und Demokratie fröhlich vereint, händchenhaltend durch die Weltgeschichte flanieren oder wenn Präsidenten in Schlössern logieren. Eine konsequente Demokratisierung der ehemals monarchischen Herrschaftsformen dürfte anders aussehen. Auch hier scheint die »alte« Natur des Menschen über die Ideale der Aufklärung zu siegen.

Von der Evolution aus betrachtet, ist der derzeit zu beobachtende Erfolg autoritärer Regime ein Schritt zurück. Psychologisch gesehen könnte man es eine »Regression«, ja sogar einen Prozess der »Re-infantilisierung« nennen – Rückfall in kindliche Stadien, die

Schutz unter einer starken Führerfigur und die scheinbar heimelige Geborgenheit geschlossener Systeme versprechen.

Kindlichkeit ist immer gepaart mit Verführbarkeit. Und Verführungskraft gehört bekanntlich zur Ausstattung eines jeden Charismatikers. Gerade gegenüber charismatisch begabten Menschen, ob spirituelle Gurus oder politische Führerfiguren, ist Skepsis angesagt. Wenn das Volk »charismatischen Populisten« folgt, die nur zu oft fragwürdige, rückwärtsgewandte Ideologien predigen, spricht das nicht gerade für ein fortgeschrittenes, erwachsenes Bewusstsein.

Die Faszination der »illiberalen« Demokratien nimmt zu. Die offene, liberale Gesellschaft ist von zwei Seiten bedroht, von aggressiven Religionsvertretern und deren Traum vom »Gottesstaat«, und von politisch autoritären Führerfiguren, denen die Freiheit der Bürger ein Dorn im Auge ist.

Freiheit lebt von dem Bedürfnis, »anders« sein zu dürfen, ein eigenes Gesicht, eine eigene Meinung zu haben. Ideologisch gleichgeschaltete Menschen ohne eigene Meinung brauchen keine Freiheit, keine Meinungsfreiheit.

Alle Schuld auf die autoritären Führerfiguren zu schieben, wäre zu einfach. Jedes Volk bekommt, zumindest in den Demokratien, bekanntlich die Regierung oder den Anführer, den es verdient, der zu ihm passt, den es ja gewählt hat.

Nationaler Egoismus, das derzeit modische »first«, bezogen auf die eigene Nation, ist wieder im Vormarsch. Die Identitätsfrage wird reduziert auf den Konflikt zwischen dem Ich und dem Anderen, zwischen der eigenen und den anderen Nationen. Der Andere wird nicht als möglicher Partner, sondern wie in

Urzeiten als Bedrohung empfunden. Die Identitätssuche – wer bin ich, was definiert mich, wozu möchte ich gehören? – beschränkt sich auf die eigene vertraute Gruppe, die Nation, obwohl die Richtung der Evolution von den ehemals kleinen Urhorden zu den größeren Horden, den Völkern oder Nationen, bis hin zur »Superhorde« Menschheit weist.

Nur, diese Superhorde Menschheit ist emotional nur schwer nachvollziehbar. Familie, Volk, Nation, Weltgemeinschaft – innerhalb dieser Abfolge nimmt die Empathie, die Identifikationsfähigkeit, mit jeder Stufe ab. Die polaren Gegenspieler *Empathie* und *Selbstabgrenzung* stehen im Widerstreit. Mit zunehmender Migration und Globalisierung entwickelt sich ein echtes oder vermeintliches Bedrohungspotential, das die uralten instinktiven Ängste und Abwehrreaktionen mobilisiert. Der ehemals propagierte weltoffene »Kosmopolit«, der sich allerdings immer in einer gesicherten, komfortablen Lebenssituation befand, scheint zum altmodischen Überbleibsel zu verkommen, »Multikulti« ist auf dem Rückzug. Die eigene Kultur, die »Heimat«, wo man mit einer gewissen Nostalgie die Rituale und Wesensmerkmale der eigenen Gruppe pflegt, hat wieder Hochkonjunktur. Und es stellt sich die Frage: Wird die Evolution von der »heimischen«, völkisch-nationalen zur kosmopolitischen, supranationalen Identität jemals gelingen?

Das emotionale Kostüm vieler, vielleicht der meisten Exemplare Homo sapiens scheint hier noch überfordert, bedarf der Entwicklung zur Akzeptanz des größeren Ganzen. Wie geht der Kampf mit den Rudimenten der überaus langen Frühzeit des Homo sapiens aus? Bleibt die europäische Aufklärung, bleiben »Demokratie und Menschenrechte« ein sympathisches, aber utopisches Zwischenspiel in der Menschheitsgeschichte? Gelingt die Verteidigung der »Inseln der Aufklärung« gegen die stärker werdenden Gegenkräfte?

Hinter dem Widerstreit der Identitäten schimmern zwei Tendenzen durch, die in polaren Konflikten immer am Werk sind: *Polarisierung* und *Verabsolutierung*. Populisten, die ein Gespür für das elementare, urzeitlich geprägte Empfinden des Populus, des Volkes, haben, spielen auf dieser Klaviatur der Vergangenheit.

Sie *polarisieren*, sie trennen die antagonistischen und zugleich komplementären Pole – das Ich und den Anderen oder »konservativ« und »progressiv« – und *verabsolutieren* den einen, dem einfach gestrickten Gemüt attraktiver erscheinenden Pol. Damit bewirken sie gegenseitiges Misstrauen, die Spaltung der Gesellschaft bis hin zur Abschottung der unterschiedlich »gepolten« Fraktionen und erhöhen so das Konfliktpotential. Das Gelingen einer Gemeinschaft – ob Volks- oder Weltgemeinschaft – gründet jedoch im Gegensatz dazu immer auf Kompromissen, auf der Relativierung der eigenen Position und dem Ausgleich der gegensätzlichen Interessen.

Fortschritt geschieht leider nicht linear, sondern wird immer wieder unterbrochen durch Regressionen zu alten Mustern. Die Zunahme autoritärer Regime lässt ahnen, dass sich die Geschichte derzeit vielerorts im Rückwärtsgang befindet. Ist es nur ein passageres »Zurück zur Natur!« und das womöglich in einer extremen, fatalen Weise? Neandertal lässt grüßen?

Homo sapiens, ein Wanderer zwischen Vergangenheit und Zukunft, bewegt sich immer zwischen Gewohnheit und Experiment. Vergangenheit prägt,

Zukunft lockt. Ein paar Tausend Jahre Zivilisation liegen im Widerstreit mit ein paar Hunderttausend Jahren präzivilisatorischer genetischer Prägung.

Es wird nicht leicht sein, intellektuell und emotional überzeugende Argumente zu finden für das Zusammenwachsen zur Superhorde »Menschheit«, für eine politische, ökonomische und soziale Globalisierung wider alle Machtinteressen und weltanschaulichen Differenzen.

Ein erster Schritt ist die ökonomische Globalisierung. Da jedoch der globale Wettbewerb nach den Regeln eines gnadenlosen Kapitalismus auf die Spitze getrieben wird, ist das ökonomische und damit soziale Gleichgewicht in Gefahr. Die Versuchung des Absoluten, des Verabsolutierens eines Erfolgskonzepts, ist hier wie in allen Bereichen übermächtig.

Evolution bedeutet neben Mutation und Selektion »Optimierung«. Optimierung heißt jedoch, wie schon gesagt, nicht Verabsolutierung. Immer steht Evolution unter dem Zwang zur Anpassung, zur Relativierung. Das Neue muss sich »in Beziehung setzen«, in das Bestehende einfügen.

In der Natur wird diese ökologische »Zwangsrelativierung« neben vielen Faktoren durch die konkurrierenden Artgenossen, die natürlichen Feinde und die begrenzten Ressourcen hergestellt. Das Mit- und Gegeneinander in den Ökosystemen ist klassischer Ausdruck der allseits gültigen polaren Struktur, die jeglicher Verabsolutierung widerspricht.

Die Alternative

Die Polarität ist eine Absage an das monistische und dualistische Weltbild. Das polare Weltbild könnte man als Brücke zwischen den beiden Kontrahenten bezeichnen. Es lehnt die monistische Verabsolutierung des einen Pols als des vermeintlich »Eigentlichen« ebenso ab wie die dualistische Trennung der beiden Pole, z.B. Materie und Geist. Es erkennt sowohl den trennenden Antagonismus als auch die gegenseitige komplementäre Verbindung der jeweiligen Pole zu einer Einheit an.

Elementares Beispiel aus der Physik: Der positiv geladene Atomkern und seine negativ geladene Hülle sind weder monistisch auf etwas »Eigentliches«, auf »Eines« zu reduzieren, noch dualistisch zu trennen. Sie bilden eine polar strukturierte Einheit.

Die monistisch-utopische Denkweise ist an ein Ende gelangt. Homo sapiens kommt nach einer relativ erfolgreichen Periode der Emanzipation und einer weniger erfolgreichen Abfolge verabsolutierender Heilsutopien und Ideologien nicht umhin, den Weg der Relativierungen zu gehen.[9]

Positive Ansätze zeichnen sich ja schon auf einigen Feldern ab: Demokratie und Menschenrechte als Relativierung von Macht und Fremdbestimmung, die UNO als Relativierung des Nationalismus, der Sozialstaat als Relativierung der sozialen Ungleichheit, die soziale Marktwirtschaft als Relativierung des Kapitalismus, Ökologiebewegung und Klimaschutz als Relativierung des Menschen gegenüber der Natur.

Vermutlich wird es eine Frage des Leidensdrucks angesichts sich verschärfender Konflikte und Katastrophen sein, ob und wann diese hoffnungsvollen Ansätze konsequent verwirklicht werden und die Menschheit vor einem finalen Scheitern bewahren.

Das existenzielle Überlebensinteresse zwingt Homo sapiens zur ökologischen Einordnung in das größere Ganze. Was seinen wissenschaftlich-technologischen Fortschritt angeht, bleibt er in seiner Selbstdeutung jedoch hin-und-hergerissen zwischen Größenwahn und Kleinmut, zwischen Fortschrittsfetischismus und -pessimismus.

Nach der emanzipatorischen Befreiung von den Göttern ging er den Weg in Richtung Gottesmythos, nahm dessen Verwirklichung in die Hand. Jetzt muss er feststellen, dass er in eine prekäre Lage geraten ist. Die von ihm vereinnahmten Attribute des Absoluten, *Zentrik*, *Autonomie* und *Unendlichkeit*, sind fragwürdig geworden.

Die ungebremste Anthropozentrik, die angestrebte Autonomie gegenüber allen einschränkenden Abhängigkeiten und die diversen Unendlichkeitsphantasien haben sich als gefährliche Illusionen erwiesen.

Und auch die Verabsolutierung der jeweils eigenen Utopie, ob religiös oder säkular, wird allmählich infrage gestellt. Die »Wahrheit« ist keine »einfache« und »absolute« mehr. Offensichtlich leben die Menschen weltanschaulich in verschiedenen Zeiten und Welten.

Die Ungleichzeitigkeit der Weltbilder, das Nebeneinander unterschiedlicher Bewusstseinsstufen sorgt für Spannungen und Konflikte. Die Frage stellt sich: Wie viel Pluralismus – ästhetisch, ethisch, weltanschaulich – verträgt eine Gesellschaft? Inwieweit sind die unterschiedlichen Antworten kompatibel? Müssen die Kontrahenten *Einheit* und *Vielheit* in einem unlösbaren Widerspruch zueinander stehen?

Auch bei dieser Polarität ist eine Balance nur mittels Selbstrelativierung möglich. Entscheidend für das Gelingen oder Scheitern dürfte die Bewusstseinsevolution sein. Das Verstehen der Wirklichkeit, das Gespür für den Sinn und die Konsequenzen der Polarität könnte den Bewusstseinsklick vom monistischen und dualistischen zum polaren Weltbild bewirken.[10]

Was bleibt nach dem Abschied von utopischer Weltdeutung, Zukunftserwartung und Moral? Was bleibt nach dem Verzicht auf »letzte«, unbeantwortbare Fragen, auf absolut gesetzte Antworten? Was bleibt nach dem Abschied vom Absoluten in all seinen Varianten?

Und, wie umgehen mit den religiösen, transzendentalen Heilsversprechen? Lautet die Alternative: »gnadenloser Realismus oder tröstlicher Illusionismus«? Auch hier sollten wir auf das absolut gesetzte Entweder-Oder verzichten. Neben dem Recht auf Erkenntnis und Wahrheit gibt es auch so etwas wie ein »Recht auf Illusion«.

Im Umgang mit den Utopien sind sowohl Toleranz als auch Aufklärung angebracht. Toleranz dürfte gegenüber der positiven Kraft der utopischen Illusion, die als unbewusste Überlebensstrategie vielen Menschen Hoffnung, Trost und Beruhigung spendet, berechtigt sein, allerdings nur, solange sie den Werten der offenen Gesellschaft nicht widerspricht und der Preis, den die Gläubigen dafür bezahlen, nicht zu hoch ist.

Unverdrossene Aufklärung im Sinne eines von Ängsten und Wünschen unverstellten Verstehens der Wirklichkeit bleibt eine nie zu vollendende Aufgabe.

Doch mit einer Tatsache werden wir leben müssen. Utopisten, die das maßlos Unmögliche predigen, und Meta-Utopisten, die sich mit dem bescheideneren Besser- oder Bestmöglichen zufriedengeben, werden wohl für immer am Werk sein. Jeder suche sich von ihren Angeboten aus, was ihm am besten schmeckt.

Im Übrigen sei daran erinnert, die Auseinandersetzung mit den großen Utopien ist nicht jedermanns Sache. Und das ist nicht weiter schlimm. Das reale Leben wird ohnehin nicht unbedingt von ihnen geprägt. Auch ohne die großen Entwürfe – jeder Mensch hat eine, »seine« Utopie, eine oft unreflektierte Zielvorstellung, und geht den Weg dorthin auf seine Art.

Zwei elementare Bedürfnisse sind es ja, die alles Leben auf unserem Planeten, alle Utopien beherrschen und fast schon banal klingen: das »Überleben« und das »gute Überleben«. Die christliche Utopie bietet die Befriedigung dieser beiden Bedürfnisse in unüberbietbarer Form an. Das Überleben wird zum »ewigen Leben«, das gute Überleben zur »ewigen Glückseligkeit« in einem Jenseits hochstilisiert. Mit dem Negativen, mit Leid und Kreuz auf dieser Welt, muss sich der Gläubige abfinden. Der barmherzige Gott kann als Helfer in der Not angerufen werden.

Säkulare Utopisten verzichten auf überirdische Helfer. Sie setzen auf die Emanzipation des Menschen vom Jenseits und den Göttern, hoffen auf den Sieg der Vernunft und entwerfen hedonistische Zukunftsvisionen, die ebenfalls in Richtung Glückseligkeit und Paradies weisen.

Ob mit oder ohne Glauben an diese großen Versprechen – jeder Mensch versucht, das Beste aus seinem Leben zu machen, je nachdem, welche Möglichkeiten sich ihm dank seiner Gene und Geschichte bieten.

Der Mensch ist das Anpassungsgenie schlechthin, ausgestattet mit einem existenziellen Realismus, unerschütterlich bis hin zum Ertragen unwürdiger Lebensumstände. Er arrangiert sich mit der elementaren Ungerechtigkeit der Welt, mit der Ungleichheit ebenso wie mit dem Zufallsspiel von Glück und Unglück. Selbst unter miesesten Verhältnissen gibt er nicht auf, ist er fähig zu einem Lachen.

Ja, er lässt sich nur zu oft von charismatischen Utopisten verschiedenster Couleur verführen. Und diese Verführbarkeit rächt sich bisweilen bitter. Doch etwas, was ihm von Natur aus eigen ist, bleibt ihm: eben jener Wille zum Überleben und zum *guten* Überleben. Dieser Wille trägt ihn auch ohne utopisch phantastische Zukunftserwartungen, auch oder gerade weil er ahnt, dass der Gottesmythos inklusive Paradies nur ein Mythos, ein schöner Traum ist und dass es keine finale Gerechtigkeit, kein finales Heil, keine finale Erlösung außer dem Tod gibt.

Lassen wir ihn also, wenn er kein Bedürfnis nach Antworten auf die drei klassischen Fragen hat, ohne aufklärerischen Gestus überleben und so gut wie möglich überleben.

Anmerkung

Die Endnoten im Text beziehen sich auf einzelne Kapitel meiner Summa philosophica »Abschied vom Absoluten, *Wider die Einfalt des Denkens*«, erschienen 1990. Darin geht es aus einem weit gefassten Blickwinkel um den Entwurf und die Begründung eines »polaren Weltbilds«.

---

[1] Die Tugend des Glaubens, S. 20 ff.
[2] Die zwei Gesichter der Natur, S. 48 ff.
[3] Die Geburt des Absoluten, S. 57 ff.
[4] Der süße Duft der Illusion, S. 25 ff.
[5] Das Kontrastprinzip, S.87 ff.
[6] Der sublogische Zugang, S. 93 ff.
[7] Die beste der Welten, S.103 ff.
[8] Eine Frage des Standorts, S. 107 ff.
[9] Emanzipation und Relativierung, S. 177 ff.
[10] Der Bewusstseinsklick, S. 145 ff.

Vom gleichen Autor erschienen:

Thomas Ebersberg
Christentum *adieu!*
Das Leise Sterben eines Mythos

ISBN 987-3-7357-5697-8, 116 S., kart., € 7,90
E-Book € 4,49

Thomas Ebersberg
Abschied vom ABSOLUTEN
Wider die Einfalt des Denkens

ISBN 987-3-926607-01-0, 217 S., geb., € 9,90

Thomas Ebersberg
Zarte Stachel – Süße Ohrfeigen
Ein Kulturstrip ohne Scham und Traurigkeit

ISBN 987-3-926607-00-3, 267 S., kart., € 6,90

Thomas Ebersberg
Kritik des »Manifests des evolutionären Humanismus«
Brief an Michael Schmidt-Salomon

ISBN 978-3-8391-2770-4, 83 S., kart., € 4.99
E-Book € 3,49

Infos und Leseproben: www.abschied-vom-absoluten.de

****

*»Im Auftrag
Ihrer Majestät,
der Evolution!«*

****